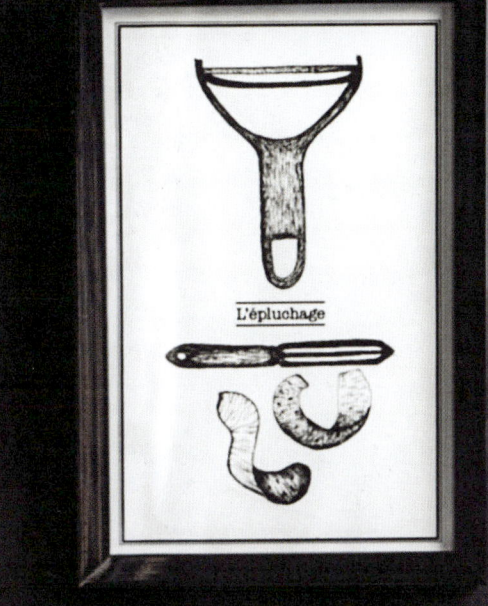

L'épluchage

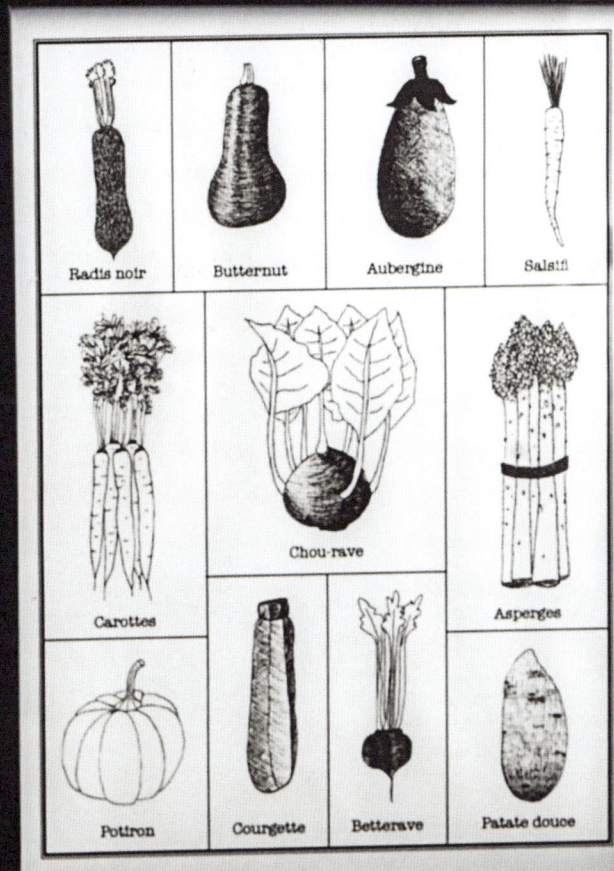

Radis noir	Butternut	Aubergine	Salsifi
Carottes	Chou-rave		Asperges
Potiron	Courgette	Betterave	Patate douce

s de terre

FRITTEN

frisch & hausgemacht

Anne de la Forest

FRITTEN
frisch & hausgemacht

Fotos **Guillaume Czerw**
Food Styling **Sophie Dupuis-Gaulier**
Illustrationen und Grafik
Le Bureau des Affaires Graphiques

Aus dem Französischen von **Sarah Pasquay**

Hölker Verlag

INHALT

Feta-Fritten

Polenta-Fritten

Arme-Ritter-Fritten

Steckrüben-Fritten

PANiSSE-FRiTTEN

Möhren-Fritten

Erbsen-Fritten

COMTÉ-FRITTEN

Rote-Bete-Fritten

Fritten

Birnen-Fritten

Parmesan-Thymian-Fritten

AUBERGINEN-FRITTEN

STROHKARTOFFELN

Einleitung

»Man muss schon sehr grausam sein, um unseren Kindern das Einzige zu nehmen, was ihre harten Schultage ein wenig verschönern kann. Wenn es keine Aussicht auf Pommes frites mehr gibt, wie soll man dann Physik und Chemie herunterbekommen und die Naturwissenschaften verdauen?«

Patrick Besson, *Le Point*, November 2011 von **Anne de la Forest**

Die Idee zu diesem Buch kam mir vor vier Jahren, als ich einen Teller Pommes frites aß ...

Während ich diese kleinen frittierten Kartoffelstäbchen in vollen Zügen genoss, musste ich an die Familienessen denken, bei denen der Teller mit den Pommes immer stolz in der Mitte des Tisches thronte. Erst wenn jeder von uns Roastbeef auf dem Teller hatte, durften wir die knusprigen Fritten mit der Gabel attackieren. Um keine Zeit zu verlieren, schob ich sie mir direkt in den Mund, ohne sie vorher auf meinem Teller abzulegen. Und wenn meine Mutter mir beim Servieren den Rücken zuwandte, stibitzte ich die eine oder andere Pommes mit den Fingern! Damals gab es weder Ketchup noch Mayonnaise, die Pommes wurden lediglich gesalzen und kamen schön fettig auf den Tisch. Der Geschmack von Pommes frites hat sich wohl in unser aller Gedächtnis eingebrannt und ruft bisweilen intensive nostalgische Erinnerungen an die Freuden der Kindheit wach.

Pommes sind auf der ganzen Welt verbreitet, und ihre lange Geschichte ist eng mit Frankreich verbunden. Denn auch wenn das den Belgiern, die die Urheberschaft für sich reklamieren, nicht gefällt: Die Wurzeln der Pommes frites liegen in Paris.

Als anerkannte Feinschmeckernation hat Frankreich das Renommée der Pommes frites begründet, die in die ganze Welt exportiert worden sind.

Belgiern und Angelsachsen ist es gelungen, einen Teil ihrer kulinarischen Geschichte rund um ihre Frittenbuden, Chips und »French fries« zu konstruieren.

Und Sie? Was verbinden Sie mit diesem hoch emotionalisierten Gericht? Waren Sie dieses Kind, das vor Freude außer sich war, wenn es erfuhr, dass es in der Schulkantine Fritten geben würde? Oder könnten Sie der Angestellte sein, der mit seinen Kollegen dagegen protestiert, dass es in der Kantine des Unternehmens keine Pommes mehr geben soll[1]? Wären Sie Stammgast in dem Pariser Restaurant, dessen Ruf auf seinen Fritten gründet, die nur am Donnerstag serviert werden[2]? Oder sind Sie einfach ein Feinschmecker, der davon träumt, richtig gute Pommes selbst zuzubereiten?

Pommes frites sind eine Art kulinarischer Glücksbringer, der alle Generationen und sozialen Klassen zum Schwärmen bringt und für die Dauer eines Essens alle Unterschiede vergessen lässt. Also, genießen wir sie!

---

[1] Die Geschichte erzählte die Betriebsratsvorsitzende der SNCF Paris Nord.

[2] Restaurant Nénesse, 17, Rue de Saintonge, Paris

ES LEBEN DIE FRITTEN!
ES LEBE DIE CHEMIE!

von Hervé This

Was hat die Chemie mit dem Thema Fritten zu tun? Endlich einmal haben wir die Gelegenheit, unsere Vorstellung von der Chemie zurechtzurücken: Es handelt sich dabei um eine wissenschaftliche Tätigkeit, bei der die Funktionsweise bestimmter Phänomene untersucht wird.

Chemische Anwendungen sind noch keine Chemie. Bei der Herstellung von Lebensmitteln, Kosmetika, Farben, Lacken, Kerzen oder Medikamenten kommt höchstens etwas zur Anwendung, das man als chemische Kunst bezeichnet hat, bevor man sich darüber klar wurde, dass Wissenschaft, Technologie und Technik klar voneinander getrennte Bereiche sind.

Und was hat das alles mit den Fritten zu tun? Bei der Frittenherstellung kann man tausend außergewöhnliche Phänomene beobachten: das Aufkochen, wenn die Fritten ins Öl getaucht werden; den weißen Dampf, der über dem Becken aufsteigt; die Entstehung einer Kruste; die Ausbildung einer weichen Konsistenz im Innern; das Bräunen der Oberfläche ... Um zu verstehen, wie rohe Kartoffelstäbchen zu Pommes frites werden, bedarf es einer wissenschaftlichen Untersuchung.

Könnten wir unsere Pommes nicht so zubereiten, wie wir es immer getan haben, indem wir einfach Kartoffelstäbchen in heißes Fett tauchen? Natürlich, aber es geht ja trotzdem darum, »gute Pommes« zu machen. Kartoffeln in heißes Öl zu geben, ist ja schön und gut, aber in der Praxis wirft es tausend Fragen auf: Wie groß sollen die Stäbchen sein? Welche Kartoffelsorte sollte man verwenden? Wie »alt« sollten die Kartoffeln sein? Wie sollten die Stäbchen zugeschnitten werden? Wie die Kartoffeln gelagert sein? Welches Öl sollte man benutzen? Bei welcher Temperatur? Wie oft sollte das Öl wiederverwendet werden? Wie oft sollte frittiert werden? Und wie lange?

Um all diese Fragen zu beantworten, müssen unzählige Versuche unternommen werden, und man wird nur dann zu einem Ergebnis kommen, wenn man akribisch arbeitet ...

Erlauben Sie mir auf die zahllosen Untersuchungen hinzuweisen, die auf dem Gebiet der Frittenherstellung durchgeführt worden sind. Alles ist dabei unter die Lupe genommen worden, insbesondere die Temperatur und der Druck in den Stäbchen während des Frittierens. Das erscheint Ihnen eigenartig? Warten Sie's ab.

Wenn ein Kartoffelstäbchen in Öl getaucht wird, bilden sich rundherum Bläschen. Durch die Hitze des Öls verdampft also Wasser. Aus einem Gramm Wasser entsteht etwa ein Liter Dampf, daher die zahlreichen Bläschen. Die Bläschen werden vom Pflanzengewebe ausgestoßen? Ja, denn die kleinen Kartoffelstäbchen können das große Dampfvolumen nicht in sich behalten. Das liegt daran, dass der Druck im Innern steigt; wer genau hinsieht, erkennt übrigens die kleinen Dampfstrahlen.

Wie Sie sehen, lag es nahe, den Druck in den Fritten zu messen, und die Hoffnungen wurden nicht enttäuscht. Nach zahlreichen (leichten) Verbrennungen stand das Ergebnis fest: Wenn man ein Kartoffelstäbchen in heißes Öl taucht, beginnt der Druck im Innern langsam zu steigen; nimmt man es dann aus dem Öl heraus, steigt der Druck noch ein bisschen weiter und lässt dann nach.

Wozu dient diese Messung? Zum Beispiel kann man durch sie herausfinden, wie oft eine Fritte in Öl getaucht werden muss. Aus der »Theorie«, die wir hier aufgestellt haben, folgt: Nimmt man eine Fritte aus dem Öl, ist ihre Oberfläche von Fett bedeckt. Der Dampf kondensiert, daraufhin lässt der Druck nach, und die Kartoffel absorbiert das Fett. Wenn man also einmal frittiert, saugt die Fritte das Fett auf der Oberfläche einmal auf. Taucht man sie zweimal ein, nimmt sie es zweimal auf.

Das lässt sich anhand konkreter Zahlen verdeutlichen: Wenn wir 100 Gramm Kartoffelstäbchen frittieren und nach dem Herausnehmen sorgfältig abtrocknen, können wir die Aufnahme von 25 Gramm Öl verhindern. Sie haben richtig gelesen: 25 Gramm Öl bei 100 Gramm Kartoffeln!

Letztlich bin ich davon überzeugt, dass Kochen mehr Spaß macht, wenn man die Technik nicht so wichtig nimmt und sich zuallererst von der Leidenschaft leiten lässt; die Liebe sollte beim Kochen immer an erster Stelle stehen, dann kommt die Kunst.

Man kann sich zum Beispiel fragen, ob Pommes hellgelb oder goldgelb sein sollten. Das ist eine Geschmacksfrage, also eine wahrhaft künstlerische Frage, die nichts mit Technik zu tun hat!

Um das besser zu verstehen, drängt sich der Vergleich mit einem Maler auf. Beim Maler muss man zunächst einmal unterscheiden zwischen dem Handwerker und dem Künstler. Beide benutzen Farben und Pinsel, doch ihr Ziel ist ein anderes: Der Erste will Wände mit Farbe bedecken, um sie dadurch zu schützen; der Zweite kann unsere Seele erreichen. Beim Kochen und insbesondere bei der Zubereitung von Pommes frites ist es ähnlich: Die technische Frage stellt sich allen Köchen ohne Unterschied, aber einige sind Handwerker und andere sind Künstler. Der Handwerker will mit seinen Pommes den Hunger stillen. Der Künstler »legt seine Seele« in seine Fritten.

Denken Sie daran, dass das Wichtigste beim Kochen nicht die Kunst ist, sondern die Liebe, oder sagen wir die soziale Verbindung. Was das bedeuten soll? Das beste Essen, zubereitet von einem der besten Kochkünstler, ist niemals »gut«, wenn es den Gästen an den Kopf geworfen wird. Wenn aber die Köchin oder der Koch seine Pommes als Liebeserklärung zubereitet, können sie ihre wahren Möglichkeiten entfalten.

Wir sollten lernen, »Ich liebe dich« zu sagen!

Hervé This ist Mitbegründer der Molekular-Gastronomie. Er arbeitet als Chemiker bei der INRA (dem wichtigsten agrarwissenschaftlichen Institut Europas), ist Professor an der Ingenieurhochschule AgroParisTech und wissenschaftlicher Direktor der **Fondation Science & Culture alimentaire**.

http://hervethis.blogspot.com

Fritten

Fritten

itten

Fritten

FRITTEN

FRITTEN

Fritten Fritten

Fritten

Fritten

Fritten

Fritten

Die Geschichte

DIE GESCHICHTE

Ein großes Thema!

Wenngleich alle Welt den Pommes frites auf nostalgische und emotionale Weise verbunden ist, so begibt sich auf sehr dünnes Eis, wer mit Fachleuten oder einfachen Patrioten über die Urheberschaft reden will. Seit Jahrzehnten liefern sich Belgier und Franzosen in wissenschaftlichen Untersuchungen und Zeitungsartikeln einen erbitterten Streit darum[2]. Natürlich beansprucht jeder die Urheberschaft für sich. Im Zuge meiner eigenen Nachforschungen (ich bin allerdings nur eine einfache Gastrojournalistin und keine Historikerin) habe ich so einige Gastronomie-Experten[3] getroffen, aber niemand war in der Lage, mir eine klare Antwort zu geben. Glücklicherweise konnte mir ein 2008 erschienenes – das Jahr wurde von der UNO zum internationalen Jahr der Kartoffel bestimmt –, sehr umfangreiches Werk[4] weiterhelfen, das die universitären Forschungen zum Thema Kartoffel versammelt. Kürzlich haben sich einige Franzosen für das Thema Fritten interessiert – ihm sind zwei Kapitel gewidmet. Uff! Vielleicht fühlen sich nun auch einige belgische Fritten-Liebhaber und Historiker dazu aufgerufen, sich des Themas anzunehmen, um die belgische Vorherrschaft zu untermauern. Schließlich gründet ein Großteil der volkstümlichen Geschichte Belgiens auf diesem von den berühmten Straßenbuden nicht wegzudenkenden Gericht. Doch gibt es heute offenbar keinen Grund zur Annahme, dass die Belgier diese kleinen frittierten Kartoffelstäbchen erfunden haben, so wie sie es behaupten. Die Franzosen haben sich schon immer ganz selbstverständlich als Urheber betrachtet, zweifellos in der Gewissheit des erhabenen Rufs ihrer Küche – die angelsächsische Bezeichnung »French fries« tat dabei sicher ihr Übriges.

> **»Es gibt zweifellos eine Fritten-Gastronomie, und man sollte sich hüten, die Streitigkeiten der Puristen aufzulösen.«**
>
> Jean-Paul Barrière[1]

1 Dozent für zeitgenössische Geschichte an der Universität Lille 3, *La pomme de terre de la renaissance au XXIᵉ siècle*, Presses Universitaires François Rabelais, S. 226

2 www.frites.be/; www.musee-gourmandise.be/

3 Danke an Christian Dubois, Mitglied der Académie culinaire de France, für seine Hilfe cuisinepassion.blogs.com

4 *La pomme de terre de la renaissance au XXIᵉ siècle*, Presses Universitaires François Rabelais

5 Antoine Auguste Parmentier veröffentlicht 1789 das Werk *Traité sur la culture et les usages des pommes de terre, de la patate et du topinambour*

Danke, Monsieur Parmentier!

Die Kartoffel ist ein universelles Produkt, das heute in mehr als 100 Ländern angebaut wird. Die »papa«, wie sie in ihrer Heimat seit nahezu 1 000 Jahren genannt wird, stammt aus den Anden (Peru, Bolivien und Chile streiten bis heute um die Urheberschaft) und erreichte Frankreich im 16. Jahrhundert, nachdem die Spanier sie nach Europa gebracht hatten. Die wenig attraktive Knolle, die keimen muss, bevor sie gepflanzt wird, die in kargen Böden gedeiht, fade schmeckt, mehlig ist und in dem Ruf steht, zahlreiche Krankheiten hervorzurufen sowie die Erde auszulaugen, stieß bei den Franzosen auf wenig Begeisterung und wurde lange Zeit als Tierfutter verwendet oder sogar mit einem Anbauverbot belegt. Dem Apotheker und Experten für Ernährung und Hygiene Antoine Auguste Parmentier ist es zu verdanken, dass die Kartoffel allmählich Verbreitung fand; doch erst am Vorabend der Französischen Revolution, als die Menschen unter einer Hungersnot litten, wurde der Nährwert der Kartoffel schließlich anerkannt und die Knolle für essbar erklärt. In den Regionen Anjou, Limousin, Elsass und Lothringen hatte sich die Kartoffel bereits als Nahrungsmittel etabliert, nun führte eine vom König unterstützte Kampagne dazu, dass nach und nach ganz Frankreich die Kartoffel entdeckte[5]. Ihren richtigen Durchbruch erlebte die Kartoffel allerdings erst Anfang des 19. Jahrhunderts, als die in Fett gegarte Knolle Einzug in die bürgerliche Küche hielt.

Die **belgische** Geschichte

Die kleinen Leute am Ufer der Maas

Ein 1985 in Belgien veröffentlichter Zeitungsartikel[6] säte Zweifel, ob die Pommes frites tatsächlich in Frankreich erfunden wurden. Nach der Theorie des belgischen Journalisten Christian Souris, wurden die allerersten Fritten Ende des 17. Jahrhunderts an den Ufern der Maas zubereitet. Der belgische Historiker Pierre Leclercq[7] wies seinerseits darauf hin, dass die erwähnte Bevölkerungsgruppe bei ihrer wirtschaftlichen Lage kaum Zugang zu den Mengen an Öl oder Butter gehabt haben dürfte, die zum Frittieren notwendig sind. Laut Leclercq hat Monsieur Fritz, ein fahrender Händler, die Fritten im Laufe des 19. Jahrhunderts nach Belgien gebracht.

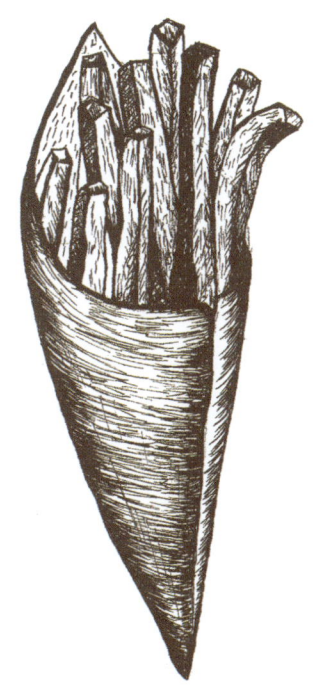

»M. Fritz« oder die Verbreitung der Fritten in Belgien

Es war ein gewisser Frederic Krieger, der den Fritten in Belgien zu Bekanntheit verhalf und in den 1840er Jahren die ersten »baraques à frites« (Frittenbuden) eröffnete. Nach einer Lehre zum Grillmeister in Paris zog der Sohn eines fahrenden deutschen Musikanten durch die belgischen Lande, um sein Frittiergut zu verkaufen und auf den Märkten dafür zu werben. Da er ein genialer Werbemann war, nannte er sich Fritz, machte in lokalen Zeitungen für sich Reklame und vergrößerte sein Geschäft durch den Zukauf weiterer Betriebsstätten, die er zusammen mit seiner Frau ausbaute. Auf diese Weise erlangten die frittierten Kartoffeln, aber auch Krapfen und Waffeln, in Belgien große Popularität. Die Bezeichnung »baraque« kommt übrigens vom Wallonischen »barak«, womit eine nicht sehr stabile Konstruktion gemeint ist. In der Belle Époque (Ende 19./Anfang 20. Jahrhundert) waren fliegende Händler überall unterwegs und erreichten auch den Norden Frankreichs, wo die Entwicklung der Kartoffelkultur gerade in vollem Gange war. Auch von der Mittelschicht wurde die Kartoffel immer häufiger verzehrt, was wohl darauf zurückzuführen ist, dass sie sehr günstig zubereitet werden kann und überdies sehr nahrhaft ist[8]. Die heißen Fritten wurden in einer Tüte aus Zeitungspapier serviert, an der

6 Der Artikel erschien in der belgischen Zeitung *Pas*.

7 Danke an das Musée de la Gourmandise, das mir Zugang zu den Recherchen des an der Universität von Liège diplomierten Historikers Pierre Leclercq gewährt hat.

8 *La pomme de terre de la renaissance au XXIè siècle,* Presses Universitaires Francois Rabelais, S. 219

9 Zahlen von FEVIA (Fédération de l'Industrie Alimentaire Belge)

man sich die Hände wärmen konnte. Dass man sie mit den Fingern aß, verlieh ihnen außerdem etwas Spielerisches. All diese Eigenschaften trugen zur Beliebtheit der Fritten bei und ließen sie zu jenem volkstümlichen Gericht werden, das sie bis heute in Belgien und Nordfrankreich sind.

Auch wenn es heute immer weniger »baraques à frites« gibt, so sind sie doch ein Teil der Geschichte beider Länder. In den pittoresken Buden wurden die Tüten aus Zeitungspapier durch Papp- oder Plastikschälchen ersetzt, und dank der typischen kleinen Plastikgabeln werden auch die Finger nicht mehr fettig. Um ihren Beruf vor dem Aussterben zu bewahren, haben die »frituristes« (Frittenbudenbesitzer) in Belgien sogar einen Verein gegründet: »UNAFRI«. Das Land ist heute mit 3,2 Milliarden Kilogramm Kartoffeln, die zu Fritten verarbeitet werden, der größte Frittenhersteller weltweit.

Die **französische** Geschichte

Erste Pommes **unter dem Pont-Neuf**

Auf französischer Seite ist man sicher: Die ersten »pommes frites« wurden während der Französischen Revolution unter dem Pont-Neuf, einer der ältesten Brücken von Paris, zubereitet. Durch diese Erzählung wurden die Fritten mit der Pariser Geschichte konnotiert und avancierten zu einem echten Wahrzeichen Frankreichs. Die »Pommes Pont-Neuf« wurden zur offiziellen Bezeichnung der original französischen (also Pariser) Fritten und müssen ganz bestimmte Maße vorweisen (1 Zentimeter breit und hoch, 7 Zentimeter lang).

Obwohl Antoine Parmentier erfolgreich an der Verbreitung der Kartoffel gearbeitet hatte, wurde sie am Morgen nach der Französischen Revolution von einem Teil der Bevölkerung noch immer verschmäht und war letztlich nur in den Küchen der Armen zu finden. Es sollte bis Anfang des 19. Jahrhunderts dauern, bis die Kartoffel auch in den bürgerlichen Haushalten zubereitet wurde. Die Entstehung von Restaurants und anderen Gastronomiebetrieben förderte den Kartoffelverzehr weiter.

Streifen oder **Stäbchen**?

Es ist nicht bekannt, ob die ersten, unter dem Pont-Neuf zubereiteten Fritten schon die Form von Stäbchen hatten – wahrscheinlich nicht. In dem ersten, nach der Revolution erschienenen Kochbuch[10], das ausschließlich der Kartoffel gewidmet ist, findet sich auch das – so heißt es – allererste Frittenrezept. Darin wird beschrieben, dass die Kartoffeln in Streifen geschnitten, dann in einen Krapfenteig getaucht und schließlich in heißem Fett gegart werden. Die in einem heißen Ölbad frittierten Kartoffeln, wie man sie heute kennt, gab es damals also noch nicht. In den Rezepten aus der damaligen Zeit werden die Kartoffeln in wenig Fett goldbraun gebraten. Die Literatur vom Anfang des 19. Jahrhunderts erwähnt frittierten Fisch, frittiertes Gemüse und Fleisch, aber noch keine frittierten Kartoffeln. Ein Rezept mit dem Namen »pommes frites« taucht erstmals in dem Werk von Antonin Carême[11] auf. Zu dieser Zeit verkauften fliegende Händler verschieden geformte Pommes in den Straßen von Paris: Strohkartoffeln, Streichholzfritten, Pont-Neuf oder auch »pommes soufflées« (»aufgeblähte« Kartoffeln; auf dieses Rezept geht das zweimalige Frittieren zurück).

Das Aufkommen pflanzlicher Öle, zu denen auch das aus Indien stammende Erdnussöl zählt, trug weiter zur Entwicklung der Frittenkultur bei. Die Kartoffelstäbchen fanden ihren Platz auf der Speisekarte der Pariser Brasserien und avancierten so vom einfachen Volksnahrungsmittel zu einem vornehmen, allseits geschätzten Gericht.

10 Mme Mérigot, *La cuisine républicaine*, 1794

11 *L'art de la cuisine française au XIXe siècle*, 1832

Die Väter der Küche ... und der Fritten

Jean Anthelme **Brillat-Savarin** (1755–1826)

Der Richter am französischen Kassationshof interessierte sich für Chemie und Medizin und war vor allem ein Feinschmecker und echter Epikureer, der leidenschaftlich gern kochte und große Restaurants liebte. Zwei Monate vor seinem Tod erschien *Physiologie du goût*, eine Sammlung gastronomischer Anekdoten, in denen er auch in die Kochkunst wie in eine Wissenschaft einführt. In dem 1824 veröffentlichten Werk, das einen beachtlichen Erfolg erzielte, erwähnt er auch die »frites«, die mit den Fingern verzehrt werden sollten.

Auguste **Escoffier** (1846–1935)

Er hat die Kochkunst mit Regeln versehen und gilt als größter Koch aller Zeiten. Der Erfinder des »Pfirsich Melba« und der »Küchenbrigade« veröffentlichte im Jahr 1902 seinen ersten *Guide culinaire*, der bis heute allen Köchen als Bibel gilt. Hierin finden sich auch sämtliche Rezepte und Gar-Techniken für verschiedene Frittengrößen.

Antonin **Carême** (1783–1833)

Der leidenschaftliche Verfechter der autodidaktischen Kochkunst, auch »Napoleon der Herde« genannt, trug als erster Küchenchef den Titel »Chef«. Mit seinem 1832 erschienenen Buch *L'art de la cuisine au XIXe siècle* wies der Vater des kulinarischen Ästhetizismus der Kochbuchkultur einen neuen Weg: Das Kochen wurde genauer und vor allem praktischer, da fortan das Gewicht der Zutaten und die Garzeiten angegeben wurden. In diesem Werk werden auch erstmals frittierte Kartoffeln so beschrieben, wie man sie heute kennt.

Maurice Edmond **Sailland**, genannt Curnonsky (1872–1956)

Der bekannte Gastrokritiker ist einer der größten Verfechter der französischen Küche. Er gründete zahlreiche Akademien (für Gastronomen, französische Weine ...) sowie die Zeitschrift *Cuisine et Vins de France*. Der zum Prinz der Gastronomen gewählte Sailland entwickelte den Begriff der Einfachheit in der Küche. Stets verteidigte er die Pommes frites als Pariser Emblem, und in einer seiner Chroniken schreibt er 1927: »Die frittierten Kartoffeln sind eine der größten Leistungen des Pariser Schöpfergeistes.«

Die Geschichte

Die **Schriftsteller** und die Fritten

George Duhamel, Émile Zola, Louis-Ferdinand Céline, Blaise Cendrars, Alexandre Dumas, Roland Barthes und auch Stendhal ... Zahlreiche Autoren haben seit dem 19. Jahrhundert die Fritten gefeiert und sie zu einem wahrhaften Symbol Frankreichs erkoren.

»Da sie für gewöhnlich gemeinsam in Erscheinung treten, färbt der nationale Glanz des Beefsteaks auf die Pommes frites ab. Pommes frites lösen nostalgische Gefühle aus und sind wie das Beefsteak patriotisch.«

Roland Barthes, *Mythen des Alltags*, 1957

»Und unten an dieser Mauer, in einem Loch groß wie ein Kleiderschrank, zwischen einer Alteisenkrämerin und einer Frau, die mit frittierten Kartoffeln handelte ...«

Émile Zola, *Der Totschläger*, 1877

»Es lebe Alcazar und die Pommes frites«

Hergé, *Tintin: Der Arumbaya-Fetisch*, 1943

»Der Geschmack von Fritten ist pariserisch.«

Céline, *Reise ans Ende der Nacht*, 1932

Die Geschichte

»French fries« in den USA

Der damalige amerikanische Botschafter in Frankreich, Thomas Jefferson, brachte Ende des 18. Jahrhunderts das erste Fritten-Rezept mit in seine Heimat. Nachdem er später zum Präsidenten gewählt worden war, servierte er einmal Pommes frites bei einem Dinner im Weißen Haus.

Aber erst viel später, im Laufe des Ersten Weltkriegs, wurden die französischen Pommes frites zu den berühmten »French fries«, die sich bei den an der Nordfront stationierten G.I.s großer Beliebtheit erfreuten.

Zu den vielen Anekdoten, die diese Namensgebung erklären, gehört auch jene, die besagt, dass das Verb »to french« in der englischen Umgangssprache ursprünglich »von den Knochen befreien, zerteilen« bedeutete.

Als Frankreich 2003 Position gegen den Irak-Krieg bezog, wurden die French fries, die in den USA als französisches Wahrzeichen par excellence galten, von amerikanischen Restaurantbetreibern und Politikern in Geiselhaft genommen und in »freedom fries« umbenannt, solange die

französisch-amerikanischen Beziehungen angespannt blieben. Der Höhepunkt in der Geschichte der French fries in der Neuen Welt besteht aber sicher darin, dass die Giganten der amerikanischen Lebensmittelindustrie, McDonald's und McCain, die Frittenherstellung industrialisiert und die kleinen knusprigen Stäbchen somit trotz ihres wohl gewählten Namens zu einer Verkörperung des amerikanischen Way of Life und seines Fast Foods gemacht haben.

Und in **anderen Ländern**?

• **In England** sind die »chips« nicht ohne frittierten Fisch zu denken, seit über einem Jahrhundert serviert man dort das volkstümliche Gericht »fish and chips«. Die englischen »chips« (wörtlich »Hobelspan«) werden dicker geschnitten als die amerikanischen »fries«. Eingewickelt in Zeitungspapier, erfreuten sie sich stets großer Beliebtheit bei der Arbeiterklasse. Noch heute wird das absorbierende Zeitungspapier häufig benutzt, allerdings unbedruckt, um die Leckermäuler vor der Tinte zu schützen.

• **In Québec** zählt die »poutine« seit den 1950er Jahren zu den beliebtesten Speisen, eine Art zusammengemanschter Kuchen, der auf der Basis von Fritten und geschmolzenem Cheddar zubereitet und mit einer braunen Sauce (auf Basis von Rinderbrühe) überzogen wird.

• **In Italien** heißen sie »patatine fritte«, während man sie **in Portugal** als »batatas fritas« kennt und mit etwas Salz ohne andere Begleitspeise verzehrt.

• **In Mexiko** isst man die »papas a la francesa« mit einem Schuss Zitronensaft und etwas Pfeffer.

• **In Finnland** heißen sie »ranskikset«, **in Malaysia** »kentang goreng«; dort serviert man sie, wie auch andernorts üblich, mit Ketchup.

• **In Deutschland** werden »Pommes« traditionell zu Currywurst serviert; genauso beliebt sind »Pommes rotweiß«, die mit Ketchup und Mayonnaise genossen werden.

• **In der Türkei** isst man die »patates kızartması« zu Lamm und der klassischen weißen Sauce, die auch zum Döner serviert wird.

Avocadoöl

Olivenöl

Traubenkernöl

Sonnen-
blumenöl

Comté

Kürbis

Erdnussöl

DiE ÖLE

Erbsen

DAS FRiTTiERBARE
OBST & GEMÜSE

Apfel

Zucchini

Knollensellerie

Bananen

Süßkartoffel

Pastinake

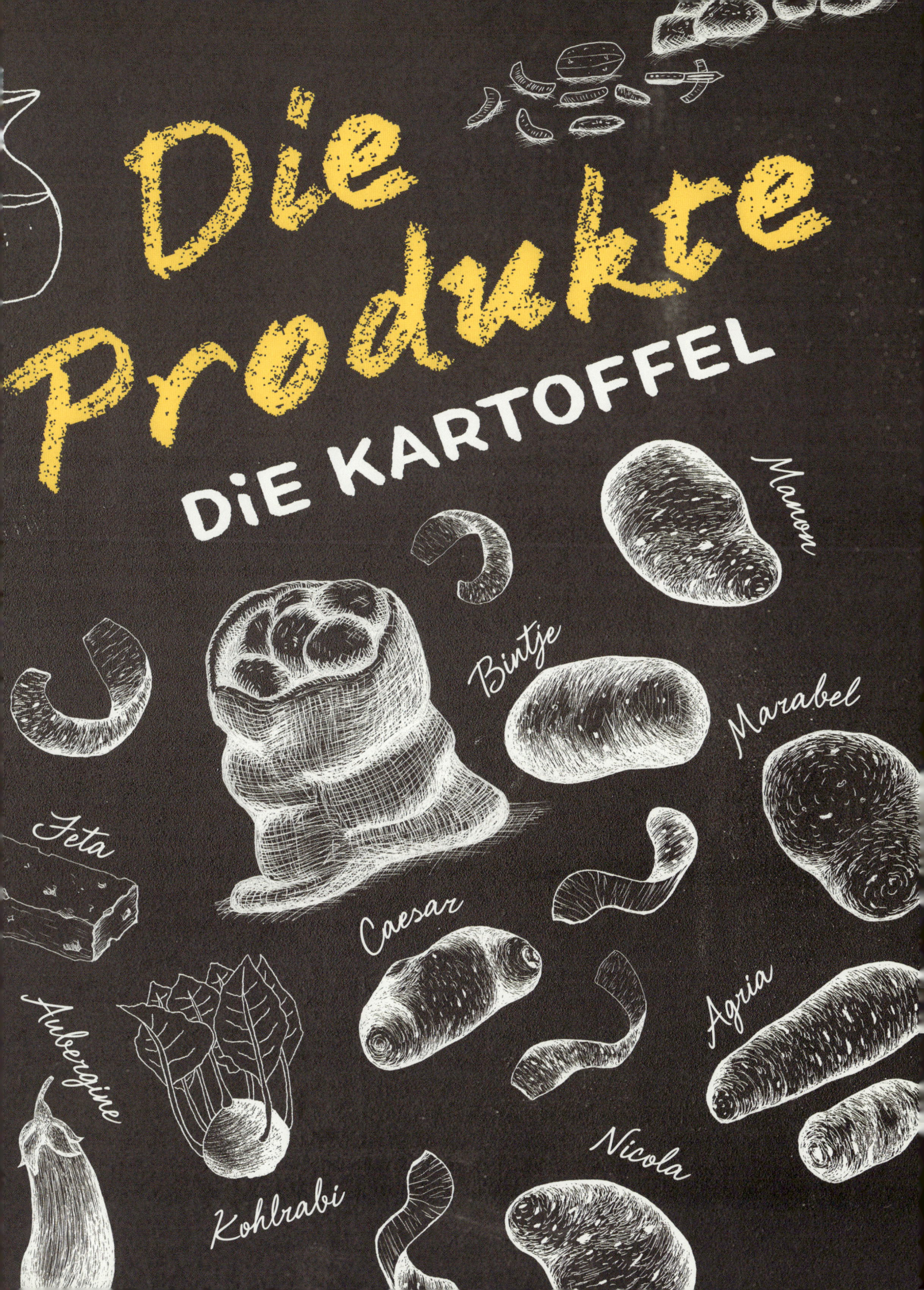

Die Produkte

DIE KARTOFFEL

Manon

Bintje

Marabel

Feta

Caesar

Agria

Aubergine

Nicola

Kohlrabi

DIE KARTOFFEL

Die Kartoffel ist mehr als eine nostalgische Kindheitserinnerung. Sie ist ein wesentlicher Bestandteil unseres kulinarischen und gastronomischen Kulturerbes. Ihr Nährwert und ihr Beitrag zur Ernährung der Erdbevölkerung sind so bedeutend, dass die UNO das Jahr 2008 zum internationalen Jahr der Kartoffel erklärte und die Knolle das ganze Jahr über gefeiert wurde. Doch in Wahrheit ist diese »Kartoffel« ein sehr vielfältiges Gemüse. Kannte man im Jahr 1815 noch rund hundert verschiedene Sorten, so sind heute weltweit mehr als 4000 Sorten erfasst. Agrarwissenschaftler und Produzenten werden von einer weltweit explodierenden Nachfrage dazu ermuntert, die genetische Vielfalt der Kartoffel ständig weiterzuentwickeln. Den Fachleuten auf diesem Gebiet ist es tatsächlich gelungen, eine Sortenvielfalt zu erschaffen, deren Ernte sich über mehrere Saisons, nahezu über das ganze Jahr, erstreckt.

Die zahlreichen Sorten werden in drei Hauptkategorien unterteilt, die jeder kennen sollte, der Kartoffeln zubereitet: festkochende, vorwiegend festkochende und mehligkochende. Außerdem unterscheidet man zwischen den sogenannten Lagerkartoffeln (sie haben eine dickere Schale, die eine Lagerung über mehrere Monate ermöglicht, und werden ab dem Herbst das ganze Jahr über verkauft) und den »Frühkartoffeln« (sie haben eine sehr dünne Schale, weil sie vor der endgültigen Ausreifung geerntet werden, und sind in der Regel nur bis zum 31. Juli erhältlich). Da Frühkartoffeln einen hohen Wassergehalt haben, eignen sie sich nicht für die Herstellung von Pommes frites. Es mag schwierig sein, Kartoffeln am Geschmack zu erkennen, doch unterscheiden sie sich in ihrer Beschaffenheit, also durch den mehr oder weniger großen Wasser- und Zuckergehalt (Glukose und Fruktose sind verantwortlich für die Färbung der Kartoffel beim Frittieren). Für die Frittenherstellung eignen sich am besten mehligkochende Lagerkartoffeln, da sie einen höheren Anteil an Trockenmasse und einen niedrigen Wassergehalt haben. Und je weniger Wasser eine Kartoffel enthält, umso besser lässt sie sich frittieren. Die Trockenmasse, die vor allem aus Stärke und ein wenig Zucker besteht, ermöglicht die Ausbildung der berühmten knusprigen Oberfläche der Pommes. Der Stärkegehalt hängt auch von der Größe der Kartoffel ab (man spricht hier vom »Kaliber«): Je größer das Kaliber, umso mehr Stärke enthält die Kartoffel. Darüber hinaus verhindert ein hoher Anteil an Trockenmasse, dass die Kartoffel beim Frittieren zu viel Öl aufsaugt – ein nicht ganz unwichtiges Detail. Bei mehligkochenden Kartoffeln ist ein Kaliber von 55 bis 65 Millimetern üblich; daraus lassen sich wunderbar lange Stäbchen schneiden. Für eine Zubereitung im Backofen, bei der nur wenig Fett benötigt wird, verwendet man am besten festkochende Kartoffeln.

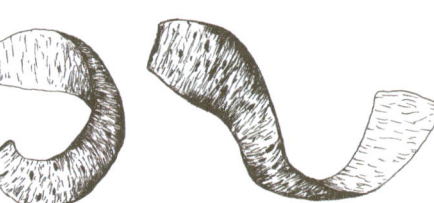

Die Produkte

● Eine **mehligkochende** Kartoffelsorte, deren Fleisch beim Frittieren so weit zerfällt, dass es sich unter der knusprigen Oberfläche in ein cremiges Püree verwandelt. Festkochende oder vorwiegend festkochende Kartoffeln sollte man vermeiden, da sie beim Frittieren ihre Konsistenz bewahren.

● Eine »**späte**« **Sorte**, die nach vollständiger Ausreifung geerntet wird und den ganzen Winter eingelagert werden kann.

● Ein **großes Kaliber** mit ovaler oder länglicher Form und unbeschädigter Schale.

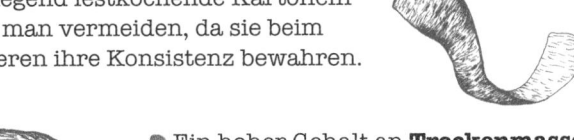

● Ein hoher Gehalt an **Trockenmasse**, damit sich beim Frittieren eine richtige Kruste bildet. Die Kartoffel sollte allerdings auch nicht extrem mehlig sein, da die Pommes sonst zu trocken werden.

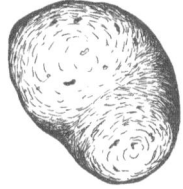

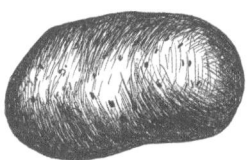

KARTOFFELN richtig lagern:

Unsere Einkaufsgewohnheiten haben sich verändert: Wir wollen saubere Produkte, weshalb die Kartoffeln, die im Handel vertrieben werden, meistens schon von Erdresten befreit und gewaschen sind. Das macht sie allerdings porös und damit anfälliger bei der Lagerung.

● Kartoffeln sollten stets zügig verbraucht werden. Mehligkochende Kartoffeln neigen dazu, während der Lagerung reduzierende Zucker anzuhäufen. Der höhere Zuckergehalt lässt die Pommes beim Frittieren zu schnell braun werden und verhindert so ein ordentliches Garen.

● Die Kartoffeln in einem dunklen, trockenen Raum bei einer Temperatur von 5 bis 8 °C lagern, also in einem Keller oder Vorratsraum.

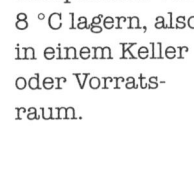

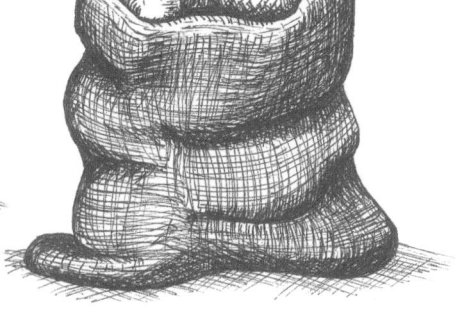

Die Produkte

Zum Frittieren geeignete KARTOFFELSORTEN

MANON

- **Form:** länglich
- **Fleisch:** Fleisch und Schale sind gelb
- **Saison:** erhältlich von Ende August bis Frühjahrsende

MARABEL

- **Form:** länglich-oval
- **Fleisch:** Fleisch und Schale sind hellgelb
- **Saison:** erhältlich von Ende August bis Frühjahrsende

CAESAR

- **Form:** länglich-oval
- **Fleisch:** Fleisch und Schale sind hellgelb
- **Saison:** erhältlich von Ende September bis Frühjahrsende

BINTJE, DIE KÖNIGIN DER KARTOFFELN!

In Frankreich und Belgien ist sie die meistverzehrte Kartoffel (die Königin der berühmten belgischen »baraques à frites«, der Frittenbuden). Die mehr als hundert Jahre alte Sorte stammt aus den Niederlanden und ist bis heute sehr beliebt, da sie sich für vielerlei Zubereitungen eignet. Wegen ihres hohen Gehalts an Trockenmasse und ihres dicken Kalibers spielt sie eine wichtige Rolle in der Welt der Fritten. Die Bintje wird in Nordfrankreich angebaut, insbesondere im Département Pas-de-Calais, wo sie ein Gütesiegel trägt (Indication géographique protégée).

- **Form:** länglich
- **Fleisch:** Fleisch und Schale sind gelb
- **Saison:** erhältlich von Ende September bis Frühjahrsende

AGRiA

● **Form:** länglich

● **Fleisch:** Fleisch und Schale sind gelb

● **Saison:** erhältlich von Ende September bis Frühjahrsende

NiCOLA

(festes Fleisch, ideal für eine Zubereitung im Backofen)

● **Form:** länglich

● **Fleisch:** Fleisch und Schale sind gelb

● **Saison:** erhältlich von Ende September bis Frühjahrsende

DAS »FRITTIERBARE« OBST UND GEMÜSE

Nicht nur aus Kartoffeln kann man leckere Fritten herstellen! Auch viele andere Gemüse- und sogar einige Obstsorten eignen sich dafür. Beim Gemüse ist vor allem wichtig, dass es sich um Knollen- oder Wurzelgemüse handelt – auch die Kartoffel ist eine Knollenpflanze –, denn diese Sorten verfügen über den Gehalt an Trockenmasse, der für das Frittieren so wichtig ist. Aus Möhren, Pastinaken sowie anderen alten Gemüsesorten, die heute problemlos erhältlich sind, lassen sich köstliche Fritten zubereiten. Auch Gemüse mit einem höheren Wassergehalt kann frittiert werden, wenn man es zuvor mit einer Panade ummantelt. Ebenso einige Käsesorten oder andere außergewöhnliche Zubereitungen. Zudem gibt es die Möglichkeit, im Backofen zahlreiche Lebensmittel zu »grillen«, nachdem man sie einfach in Öl gewendet hat. Diese Form der Zubereitung eignet sich auch hervorragend für die Herstellung fettarmer Pommes frites.

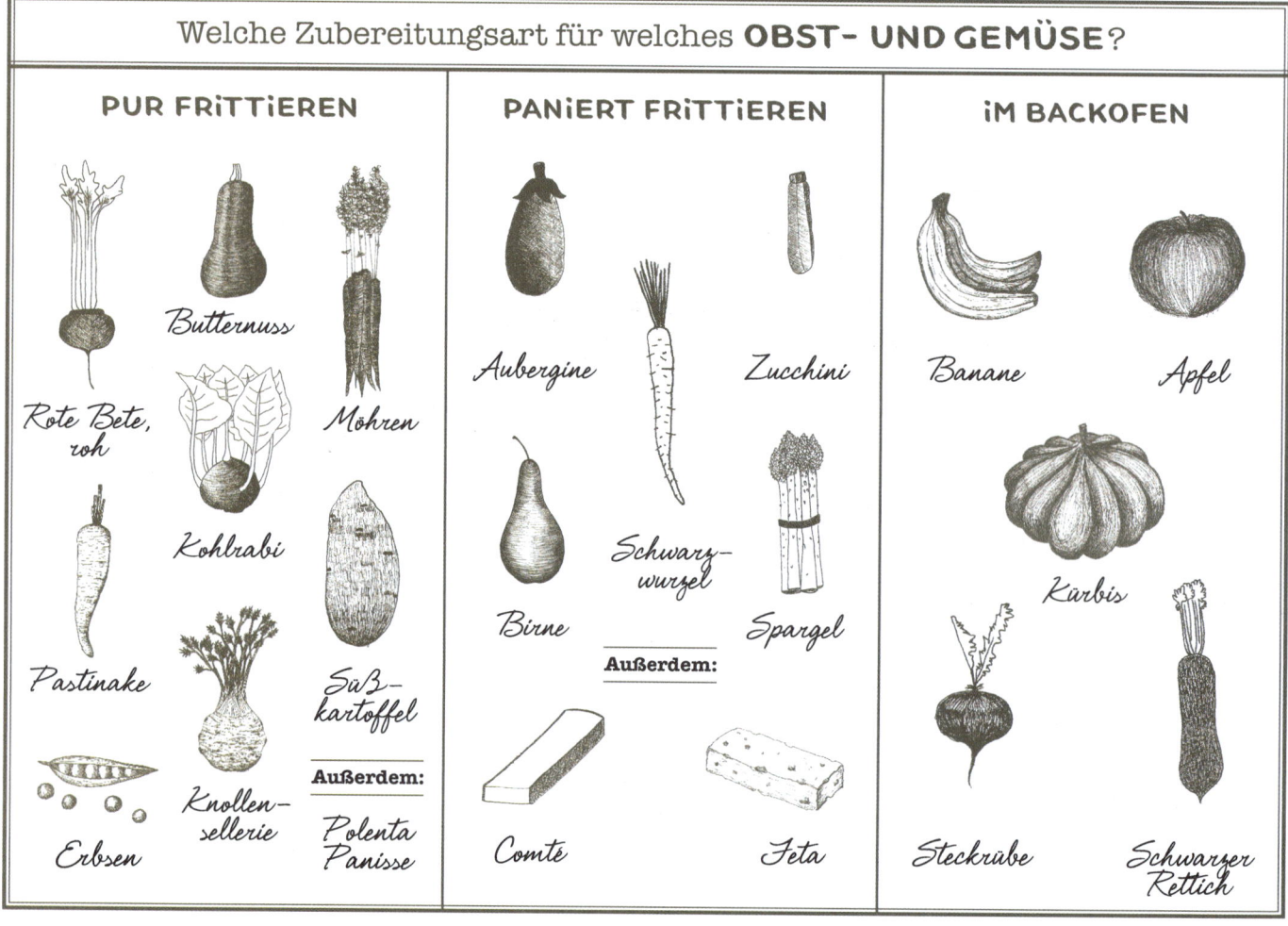

Welche Zubereitungsart für welches OBST- UND GEMÜSE?

PUR FRITTIEREN

Butternuss
Rote Bete, roh
Möhren
Kohlrabi
Pastinake
Süßkartoffel
Erbsen
Knollensellerie

Außerdem:
Polenta Panisse

PANIERT FRITTIEREN

Aubergine
Zucchini
Birne
Schwarzwurzel
Spargel

Außerdem:
Comté
Feta

IM BACKOFEN

Banane
Apfel
Kürbis
Steckrübe
Schwarzer Rettich

DIE ÖLE

Beim Frittieren in Öl verdampft aus der Randschicht des Frittierguts Wasser; durch den Flüssigkeitsverlust kann sich eine schöne goldene Kruste bilden. Da das Öl auf eine Temperatur erhitzt wird, die über seinem Siedepunkt liegt, muss man sehr darauf achten, welches Öl man auswählt.

Wer eine elektrische Fritteuse mit Thermostat benutzt oder eine traditionelle Fritteuse sowie ein Lebensmittelthermometer verwendet, kann leckere Fritten zubereiten und dabei sicher sein, dass die empfohlene Temperatur nicht überschritten wird.

Ein gutes Frittieröl ist reich an gesättigten Fettsäuren, denn dadurch wird es hitzestabil und ist außerdem länger haltbar (etwa Erdnussöl). Es können aber auch Öle mit einfach ungesättigten Fettsäuren zum Frittieren benutzt werden – sie sind für unsere Arterien weniger schädlich (zum Beispiel Olivenöl, das auch weniger geruchsintensiv ist).

Außerdem sollte man ein eher preisgünstiges Öl wählen und anders als bei der Zubereitung von Salatsaucen kaltgepresste und native Öle meiden. Sie zerfallen schneller und verlieren ihren Nährwert, wenn sie zu stark erhitzt werden.

Um herauszufinden, welche Öle sich zum Frittieren eignen, muss man über ihren »Rauchpunkt« Bescheid wissen, also die Temperatur, bei der das Öl zu rauchen beginnt und gesundheitsschädliche Partikel freisetzt (siehe S. 28–29).

Demzufolge sollte zum Frittieren unbedingt ein Öl verwendet werden, das auch bei hohen Temperaturen von 160 °C bis 180 °C stabil bleibt. Da bei den meisten Ölen der Rauchpunkt bei 200 °C liegt, geht man kein Risiko ein, wenn man beim Frittieren eine Temperatur von 180 °C (die ideale Temperatur für die Zubereitung schöner Fritten) nicht überschreitet.

Wenngleich die Puristen auf tierische Fette schwören (bis heute wird in Belgien ganz traditionell Rindernieren- oder Pferdefett verwendet, was den Fritten zweifellos einen unvergleichlichen Geschmack gibt), so raten Ernährungswissenschaftler doch eher davon ab. In Frankreich werden übrigens keine tierischen Fette mehr zum Frittieren verwendet, nur im Südwesten benutzt man noch Gänsefett – dieses gehört zum Glück zu den »guten Fetten«, jedenfalls wenn man es maßvoll einsetzt und die Temperatur beim Erhitzen unter 190 °C bleibt.

Ganz wichtig ist es auch, das Frittieröl regelmäßig auszutauschen. Denn ein gebrauchtes Öl wird nicht nur giftig, sondern auch zähflüssiger. Es bleibt stärker am Frittiergut haften und macht es dadurch noch fettiger und schwerer verdaulich. Beim Garen im Backofen hüllt das Öl das Lebensmittel einfach ein und steht nicht in direkter Verbindung mit der Hitzequelle. So bleibt es auch bei hohen Temperaturen problemlos stabil. Dennoch sollte man die am besten geeigneten Öle verwenden (Olivenöl zum Beispiel ist für das Ofengaren sehr gut geeignet).

Sonnenblumenöl

Erdnussöl

Olivenöl

Avocadoöl

Traubenkernöl

Huile d'olive

Huile de pépins de raisin

Huile d'arachide

Huile de tournesol

Huile d'avocat

Welches ÖL für welche Zubereitung?

SONNENBLUMENÖL

🔘 Neutral im Geschmack, hitzestabil. Es ist heute als spezielles Frittieröl erhältlich, also angereichert mit Fettsäuren und dadurch stabiler, wird aber auch als Basis für Koriander-Duftöl verwendet.

🔘 Muss spätestens nach 2 bis 3 Frittierbädern gewechselt werden.

🔘 **Rauchpunkt:** 180 °C

OLIVENÖL

🔘 Geschmacksintensiv und deshalb zum Frittieren selten verwendet. Olivenöl wird wegen seines Nährwerts empfohlen und eignet sich bestens für das Garen im Backofen.

🔘 Muss spätestens nach 2 bis 3 Frittierbädern gewechselt werden.

🔘 **Rauchpunkt:** 190 °C

ERDNUSSÖL

🔘 Geschmacksneutral, sehr hitzestabil. Allerdings enthält es die meisten gesättigten Fettsäuren und sollte deshalb maßvoll eingesetzt werden. Da es zudem Allergien auslösen kann, ist es empfindlichen Menschen nicht zu empfehlen.

🔘 Muss spätestens nach 5 bis 6 Frittierbädern gewechselt werden.

🔘 **Rauchpunkt:** 230 °C

TRAUBENKERNÖL

🔘 Geschmacksneutral, sehr hitzestabil. Da es teuer ist, wird es selten pur benutzt. Mit Sonnenblumenöl vermischt, ergibt es ein sehr stabiles Frittierbad.

🔘 In der Mischung mit Sonnenblumenöl muss es spätestens nach 5 bis 6 Frittierbädern gewechselt werden.

🔘 **Rauchpunkt:** 210 °C

AVOCADOÖL

🔘 Zarter, unvergleichlicher Geschmack. Es ist eines der (kaltgepressten) Pflanzenöle, die bei hohen Temperaturen stabil bleiben. Recht selten und deshalb sehr teuer.

🔘 Muss spätestens nach 2 bis 3 Frittierbädern gewechselt werden.

🔘 **Rauchpunkt:** 225 °C

Pommes Pont-Neuf

Streichholzfritten

Traditionelle Fritteuse

Schneidebrett

Küchenpapier

Das Frittieren

Elektrische Fritteuse

Pommesschneider

Pommesschaufel

Frittierkorb

Strohkartoffeln

Semi-professionelle Fritteuse

DAS SCHÄLEN

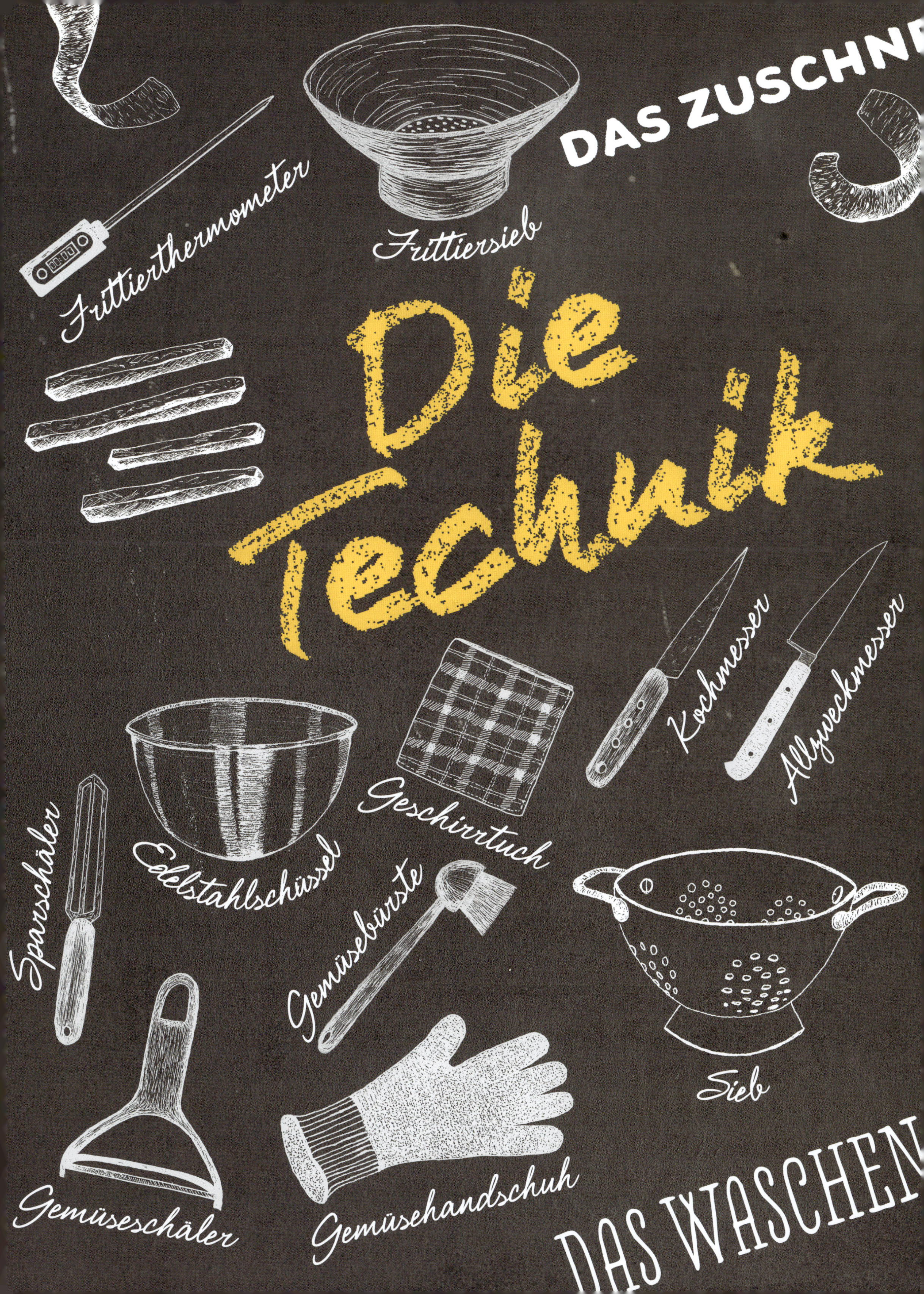

DAS ZUSCHNE
Frittierthermometer
Frittiersieb
Die Technik
Kochmesser
Allzweckmesser
Geschirrtuch
Edelstahlschüssel
Sparschäler
Gemüsebürste
Sieb
Gemüseschäler
Gemüsehandschuh
DAS WASCHEN

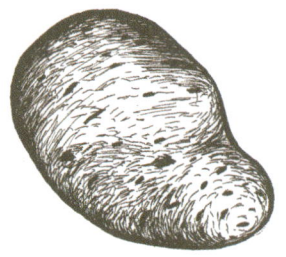

DAS WASCHEN

Bei der Zubereitung von Fritten kommt dem Waschen eine große Bedeutung zu. Es wird in mehreren Schritten vollzogen und beginnt damit, dass man die Kartoffeln noch vor dem Schälen zum ersten Mal wäscht. Kartoffeln, die man im Handel kauft, sind in der Regel schon einmal gewaschen, aber da die zum Frittieren geeigneten Sorten ziemlich »erdig« sind und eine dicke Schale haben, ist ein nochmaliges Waschen in jedem Fall sinnvoll, zumal man sie dann nach Belieben auch ungeschält weiterverarbeiten kann. Wer Kartoffeln direkt beim Produzenten kauft, bekommt womöglich ungewaschene Exemplare. In diesem Fall sollte man sie zunächst mit einer Gemüsebürste reinigen. Die geschälten Kartoffeln werden dann sorgfältig gewaschen; dadurch wird die Stärke abgespült, und man verhindert, dass die Fritten später aneinanderkleben. Zu Beginn des Waschvorgangs legt man die Kartoffeln für 30 Minuten in kaltes Wasser. Dann schneidet man sie in Stäbchen und spült diese nochmals mehrfach ab, um Stärkereste zu entfernen. Schließlich müssen sie sehr sorgfältig abgetrocknet werden, damit sie vollkommen trocken sind, wenn sie in das heiße Öl kommen. Das Wasser an den Kartoffeln bewirkt ein deutliches Absinken der Temperatur im Moment des Eintauchens und verhindert damit ein ordentliches Frittieren. Wenn das Öl nicht heiß genug ist, wird es außerdem vom Gemüse aufgesogen, anstatt dieses zu frittieren und eine Kruste zu bilden.

Die UTENSILIEN

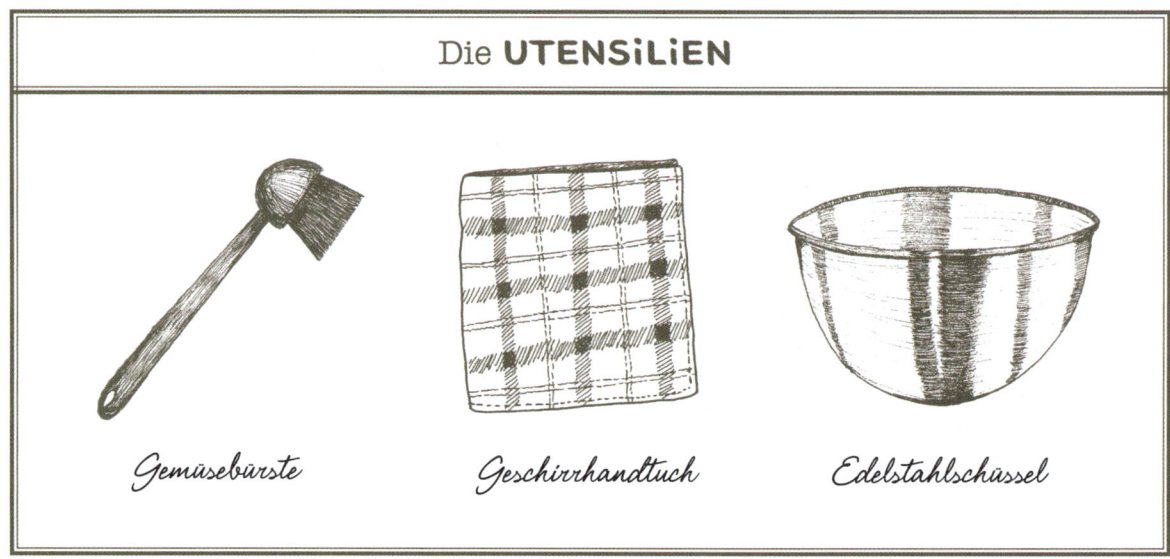

Gemüsebürste   Geschirrhandtuch   Edelstahlschüssel

Die Technik

Die Schritte beim
WASCHEN:

SCHRITT 1
Erst bürsten (fakultativ) + schälen, dann waschen.

SCHRITT 2
Ganze Kartoffeln 30 Minuten in kaltes Wasser legen.

SCHRITT 3
Zugeschnittene Kartoffeln mit kaltem Wasser abspülen.

SCHRITT 4
Ein drittes und viertes Mal mit kaltem Wasser abspülen, bis das Wasser klar bleibt.

SCHRITT 5
Kartoffelstäbchen sorgfältig mit einem sauberen Geschirrtuch abtrocknen, bis sie vollständig trocken sind.

Sieb

Edelstahlschüssel

Gemüsebürste

DAS SCHÄLEN

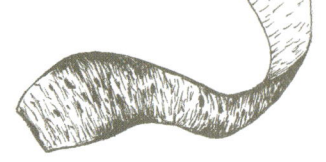

Traditionell werden Pommes frites aus geschälten Kartoffeln hergestellt, was zudem gesünder ist, da die äußeren drei Millimeter der Kartoffelschale natürliche Giftstoffe (Alkaloide) enthalten. Lange Zeit benutzte man zum Kartoffelschälen ein einfaches kleines Küchenmesser, bis in den 1930er-Jahren das Schälmesser erfunden wurde, das die Zubereitungsweise grundlegend veränderte. Heute ist das Schälmesser eine eingetragene Marke. Sein Prinzip wurde vielfach kopiert und modernisiert, um weitere Schälmesser und Sparschäler zu entwickeln, mit denen sich ein Berg Kartoffeln im Handumdrehen schälen lässt. Es gibt sogar Geräte, die das Schälen mit einem kleinen, im Griff versteckten Motor unterstützen. Ein praktisches Utensil ist auch der Schälhandschuh: Mit diesem Handschuh aus Silikon kann man durch Reiben dünne Gemüseschale einfach entfernen. Professionelle Köche verwenden manchmal Schälroboter, mit denen sich mehrere Kilo Kartoffeln auf einmal schälen lassen. Das Schälen von Hand jedoch gilt in der Gastronomie als Gütezeichen, denn nur so kann man sichergehen, dass alle Kartoffeln von ihren »Augen« befreit werden, jenen kleinen Punkten, aus denen die Keime hervorwachsen, manchmal bis tief in die Kartoffel hineinreichen und somit für eine Maschine unzugänglich sind.

Das **SCHÄLMESSER**, eine französische Erfindung

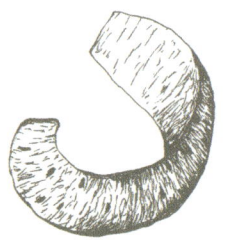

Eine Werbung aus den 1960er-Jahren jubelte über »30 Prozent mehr Zeit und Kartoffeln«. Die Technik des Schälmessers aus rostfreiem Stahl wurde von dem Franzosen Victor Pouzet in Thiers (der Wiege der Messerherstellung in Frankreich) erfunden. Es ermöglicht ein sehr sparsames Schälen, wodurch mehr vom Fleisch erhalten bleibt. Noch heute wird das Schälmesser von der Firma Thiers vertrieben, sein Aussehen wurde durch die Verwendung verschiedener Materialien und Farben für den Griff verändert.

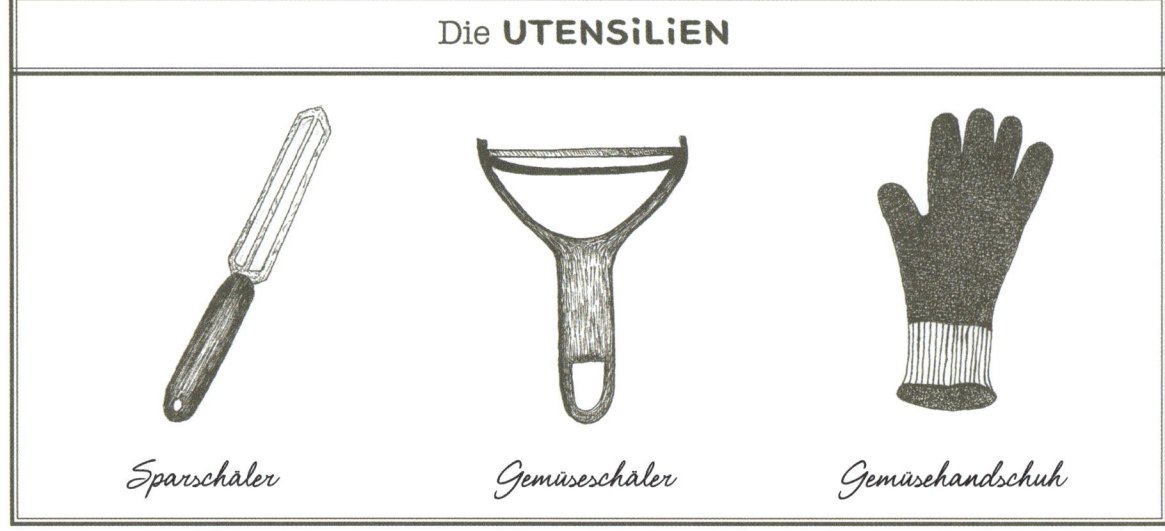

Die **UTENSILIEN**

Sparschäler   Gemüseschäler   Gemüsehandschuh

Die Technik

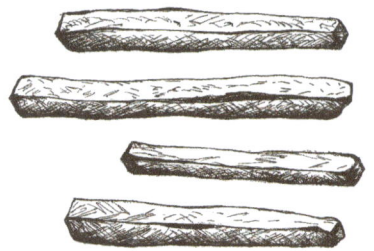

DAS ZUSCHNEIDEN

Eine weitere wichtige Etappe bei der Vorbereitung ist das Zuschneiden. Es gibt verschiedene Stäbchenformen, die sich in Form und Größe unterscheiden. Verwendet man für das Zuschneiden ein klassisches Küchenmesser, erhält man unregelmäßige Stäbchen, was einigen Liebhabern zufolge den Fritten einen besonderen Geschmack verleiht. In der Tat werden die unterschiedlich großen Stäbchen verschieden stark gegart, die dünneren stärker als die dickeren. Viele schätzen auch das unterschiedliche Aussehen, weil dies den Fritten einen authentischeren Charakter verleiht. Durch die Erfindung des Pommesschneiders mit seinen unterschiedlichen Einsätzen vor mehr als 100 Jahren lassen sich im Handumdrehen perfekte Kartoffelstäbchen herstellen. Man muss lediglich einen Griff herunterdrücken und das Gerät zerteilt die Kartoffel in weniger als fünf Sekunden. Auch einige Küchenmaschinen sind mit einer Pommesschneidescheibe oder einer Julienne-Scheibe ausgestattet; mit letzterer lassen sich sehr dünne Kartoffelstäbchen herstellen, wie man sie etwa für Strohkartoffeln benötigt.

Die **UTENSILIEN**

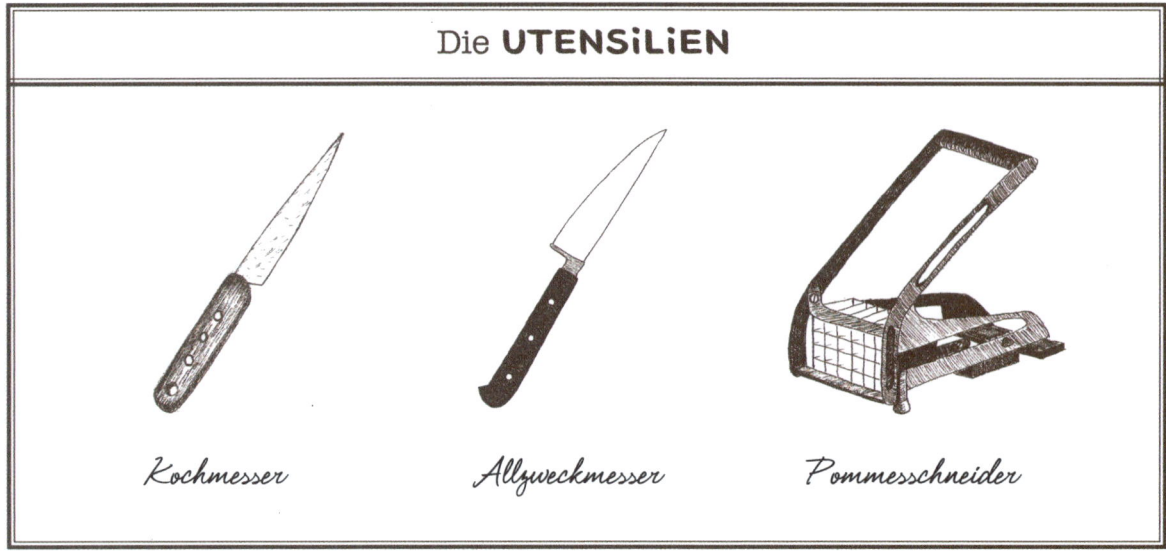

Kochmesser · Allzweckmesser · Pommesschneider

Die Technik

SCHRITT 1

Kartoffeln eckig zuschneiden:
Die abgerundeten Ränder auf
allen Seiten abschneiden, um
die Kartoffel in eine rechteckige
Form zu bringen. Das ermöglicht
ein Zuschneiden gleichmäßiger
Pommes.

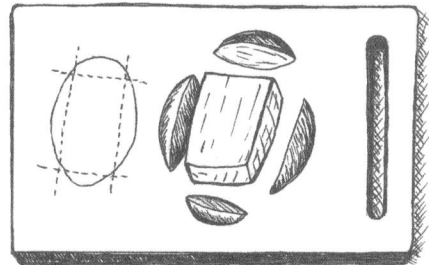

SCHRITT 2

In Scheiben schneiden: Kartoffel auf ein Schneidebrett legen
und mit einem Allzweckmesser
der Länge nach in Scheiben
schneiden. Die Dicke der Scheiben ist abhängig von der gewünschten Frittenform: Streichholz oder Pont-Neuf.

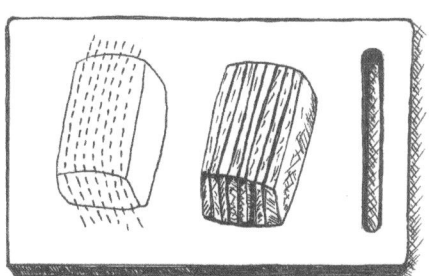

SCHRITT 3

Scheiben aufeinanderlegen
und Kartoffeln in Stäbchen
schneiden.

Welches **MESSER** eignet sich zum Zuschneiden?

Es gibt verschieden geformte und lange Küchenmesser, die für unterschiedliche Verwendungszwecke gedacht sind. Um Kartoffeln oder anderes Gemüse in Stäbchen zu schneiden, eignen sich am besten folgende Messer:

• **Kochmesser:** Es hat eine recht breite, etwa 20 Zentimeter lange Klinge und schneidet das dicke feste Fleisch der Kartoffeln ebenso gut wie das anderer Gemüsesorten (zum Beispiel Süßkartoffeln).

• **Allzweck- oder Officemesser:** Es hat eine schmalere, kürzere Klinge von neun bis zehn Zentimetern Länge und eignet sich bestens zum Schneiden kleinerer Kartoffeln.

DiE **FORM** der Pommes frites

(nach Auguste Escoffier)

STROHKARTOFFELN:
Kartoffelstäbchen in Form langer Juliennestreifen

STREiCHHOLZKARTOFFELN:
0,5 Zentimeter dicke Stäbchen

POMMES PONT-NEUF:
1 Zentimeter dicke Stäbchen

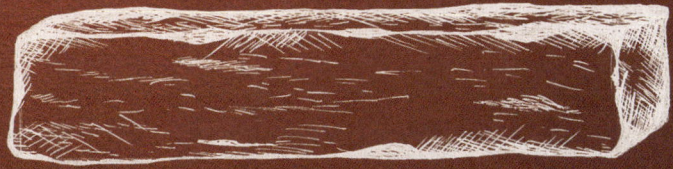

DAS FRITTIEREN

Die letzte Etappe der Zubereitung ist das Frittieren. Diese Garmethode wurde schon im alten Ägypten benutzt. Dabei wird Öl auf eine sehr hohe Temperatur erhitzt, um die Feuchtigkeit in der äußeren Schicht der Kartoffel sofort zu verdampfen. Durch das Verdampfen bildet sich eine dünne Kruste, unter der das Innere schön weich bleibt. Anders als Wasser, das sich nicht über seinen Siedepunkt (100 °C) hinaus erhitzen lässt, kann Öl eine zwei- bis dreimal so hohe Temperatur erreichen. Es ist jedoch nicht ratsam, Öl auf mehr als 180 °C zu erhitzen, da es sonst zerfällt. Lange Zeit benutzte man für die Pommesherstellung einen gusseisernen Topf und einen Frittierkorb. Wer diese Tradition aus nostalgischen Gründen fortführen will, kann die Temperatur des Öls heute mit einem Kochthermometer kontrollieren. Doch die elektrische Fritteuse, die in den 1960er-Jahren von einer großen französischen Firma erfunden wurde, hat dem (geruchsarmen!) Frittieren zu einer neuen Dimension verholfen. Mit diesem Gerät, das mit einem Thermostat, einem Deckel und einem Geruchsfilter ausgestattet ist, lassen sich Fritten ganz einfach und (normalerweise) ohne Geruch und vor allem sicher zubereiten. Durch die Weiterentwicklung dieser Geräte gibt es heute zahlreiche Designer- und Hightechmodelle, die den professionellen Fritteusen immer ähnlicher sind.

WICHTIGE SCHRITTE beim Frittieren

Traditionell werden Pommes zweimal frittiert. Der einzige Nachteil dabei ist, dass die Kartoffel mehr Öl aufsaugt. Wer es weniger fettig mag, kann bei 170 °C auch nur einmal frittieren.

1. Frittieren: Die Pommes für 5 bis 7 Minuten in das auf 140 bis 150 °C erhitzte Öl geben (die Zeit richtet sich nach der Dicke der Fritten). Herausnehmen und 30 Minuten abkühlen lassen.

2. Frittieren: Die Pommes nochmals 5 bis 7 Minuten (je nach Dicke) in das auf 170 bis 180 °C erhitzte Öl geben.

Die Technik

Was sollte man beim Kauf einer FRiTTEUSE beachten?

DiE FiLTER:

Es gibt mehrere Arten von Fritteusenfiltern: Permanentfilter und auswechselbare. Allerdings lässt sich eine Geruchsentwicklung in dem Raum der Zubereitung auch mit Filter kaum vermeiden. Deshalb sollte am besten in einem kleinen separaten Raum mit Fenster oder sogar draußen frittiert werden.

DAS FASSUNGS-VERMÖGEN:

In einer traditionellen Fritteuse kann man je nach Modell zwischen 500 Gramm und einem Kilogramm Fritten gleichzeitig garen. Einige »Familien«-Geräte fassen sogar zwei Kilogramm. Um das Becken zu füllen, benötigt man zwei bis drei Liter Öl.

DiE SiCHERHEiT:

Die Fritteuse muss auf einem ebenen und stabilen Untergrund stehen; sie darf unter keinen Umständen während des Gebrauchs verrückt werden. Das Öl benötigt zwei bis drei Stunden, um vollständig abzukühlen; erst dann darf die Fritteuse bewegt werden.

GERUCHS- UND FETTFREIE FRITTEUSEN

Eine weitere Neuerung kam 2006 auf den Markt: die erste Fritteuse, die fast ohne Öl und ohne Geruchsentwicklung funktioniert – entwickelt von derselben französischen Firma, die schon die allererste Fritteuse erfunden hat. Das innovative Gerät frittiert die Kartoffelstäbchen mithilfe von Heißluftströmen und Infrarot-Heizelementen und benötigt lediglich ein bis zwei Esslöffel Öl. Auf diese Weise baden die Kartoffeln nicht in heißem Öl, enthalten dadurch weniger als drei Prozent Fett und verströmen keinerlei Frittiergeruch.

Die **UTENSILIEN**

Traditionelle Fritteuse

Elektrische Fritteuse

Semi-professionelle Fritteuse

Pommesschaufel

Frittierthermometer

Semi-professionelles Frittensieb

Andere **GARMETHODEN**

Den amerikanischen Brüdern McCain ist nicht nur die Erfindung der tiefgefrorenen Pommes zu verdanken, sondern auch die Verbreitung des Backofengarens. Seither hat sich diese Art der Zubereitung von Pommes frites nicht nur als Alternative zur Fritteuse etabliert, sondern zu einer eigenständigen Methode entwickelt. Die Fritten werden dabei nur in wenig Öl gewälzt und sind deshalb leichter bekömmlich. Einige Gemüsesorten, aus denen man leckere Fritten herstellen kann, lassen sich sogar besser im Ofen zubereiten als in der Fritteuse. Dazu werden die Stäbchen auf dem Backblech verteilt und eine bestimmte Zeit gebacken; nach der Hälfte der Garzeit sollte man sie einmal durchmengen. Es gibt auch spezielle Körbe, die man im Backofen an einem Drehspieß befestigt kann, damit können die Fritten die gesamte Garzeit über bewegt werden.

FRANZÖSISCHE POMMES PONT-NEUF

4 / 15' / 10' / 30' PAUSE

1 KG BINTJE-KARTOFFELN

2 L FRITTIERÖL

½ TL FEINES SALZ

½ TL FLEUR DE SEL

● Die Kartoffeln mit einem Sparschäler schälen und dann waschen. Mit einem Messer in 1 Zentimeter dicke Stäbchen schneiden; dazu kann auch ein Pommesschneider verwendet werden.

● Kartoffelstäbchen mit kaltem Wasser mehrmals abspülen, um die Stärke auszuwaschen (beim letzten Abspülen sollte das Wasser klar bleiben), dann mit einem sauberen Geschirrtuch sorgfältig abtrocknen.

● Das Öl in der Fritteuse auf 150 °C erhitzen. Die Kartoffeln in den Frittierkorb geben, jedoch nicht zu viele auf einmal: 1 Kilogramm Kartoffeln sollte in zwei Portionen gegart werden.

● Den Frittierkorb ins Öl hängen und die Kartoffeln in 7 Minuten garen.

● Den Frittierkorb herausnehmen und gut schütteln, damit das Fett abtropft; dann die Pommes etwa 30 Minuten abkühlen lassen.

● Das Öl auf 180 °C erhitzen und die Pommes nochmals maximal 3 Minuten frittieren.

● Herausnehmen, gut abtropfen lassen und in eine mit Küchenpapier ausgelegte Schüssel geben. Das Papier entfernen, die Pommes kräftig salzen und einige Minuten ruhen lassen.

● Pommes Pont-Neuf mit Fleur de Sel bestreuen und servieren.

DAZU SCHMECKT AM BESTEN:
FRITTENSAUCE
KETCHUP
SAUCE BÉARNAISE
KRÄUTERSAUCE

DAS GEHEIMNIS DES »STEAK-FRITES«

Traditionell verwendet man für das Steak ein etwa 1,5 Zentimeter dickes Rumpsteak. Es wird auf einem Grill gebraten, der das Fleisch mit einem Muster sich überkreuzender Linien zeichnet. Dazu das Steak von beiden Seiten mit Öl bepinseln, salzen und pfeffern, und dann von jeder Seite etwa 2 Minuten grillen. Um das kreuzförmige Muster zu erhalten, das Steak 1 Minute senkrecht zum Rost legen, dann 1 weitere Minute quer zum Rost. Darauf achten, beim Wenden des Steaks nicht mit der Gabel direkt ins Fleisch, sondern in das seitliche Fett zu stechen, damit kein Saft austritt.

Traditionelle Fritten

Sauce Béarnaise

BELGISCHE FRITTEN

4 15' 30' 10' 30' PAUSE

1 KG BINTJE-KARTOFFELN

2 L FRITTIERÖL (ODER RINDERNIERENFETT FÜR DIE PURISTEN)

½ TL FEINES SALZ

½ TL FLEUR DE SEL

● Die Kartoffeln mit einem Sparschäler schälen und dann waschen. Mit einem Messer in nicht zu dünne Stäbchen schneiden; dazu kann auch ein Pommesschneider verwendet werden.

● Kartoffeln 30 Minuten lang in kaltes Wasser legen. Zwischendurch das Wasser immer wieder wechseln, damit die Stärke vollständig ausgewaschen wird (das letzte Wasser muss klar bleiben). Dann mit einem sauberen Geschirrtuch sorgfältig abtrocknen.

● Das Öl in der Fritteuse auf 140 °C erhitzen. Die Kartoffelstäbchen in den Frittierkorb geben.

● Den Frittierkorb ins Öl hängen und die Kartoffeln in 7 Minuten garen. Den Korb wieder herausnehmen und gut schütteln, damit das Fett abtropft; dann die Fritten etwa 30 Minuten abkühlen lassen.

● Das Öl auf 170 °C erhitzen und die Pommes nochmals maximal 3 Minuten darin frittieren. So bekommen sie eine schöne Kruste.

● Den Korb herausnehmen, schütteln und das Fett gut abtropfen lassen; dann die Fritten in eine mit Küchenpapier ausgelegte Schüssel geben. Papier entfernen, Pommes kräftig salzen.

● Belgische Fritten mit Fleur de Sel bestreuen und sofort servieren.

DAZU SCHMECKT AM BESTEN:
    FRITTENSAUCE
    KETCHUP
    ZWIEBELSAUCE
    AMERIKANISCHE SAUCE

DIE AUTHENTISCHEN »MOULES-FRITES«

Bei diesem belgischen Nationalgericht werden die Miesmuscheln auf einfache Weise zubereitet: Zwei Zwiebeln und drei Stangen Sellerie in dünne Scheiben schneiden und in etwas Butter andünsten. Mit Salz und Pfeffer kräftig würzen, dann 1 Kilogramm gut sortierte und gewaschene Miesmuscheln dazugeben. Bei geschlossenem Deckel so lange garen, bis sich alle Muscheln geöffnet haben. Die noch geschlossenen Exemplare wegwerfen. Vor dem Servieren noch einmal mit Salz und Pfeffer abschmecken.

Traditionelle Fritten

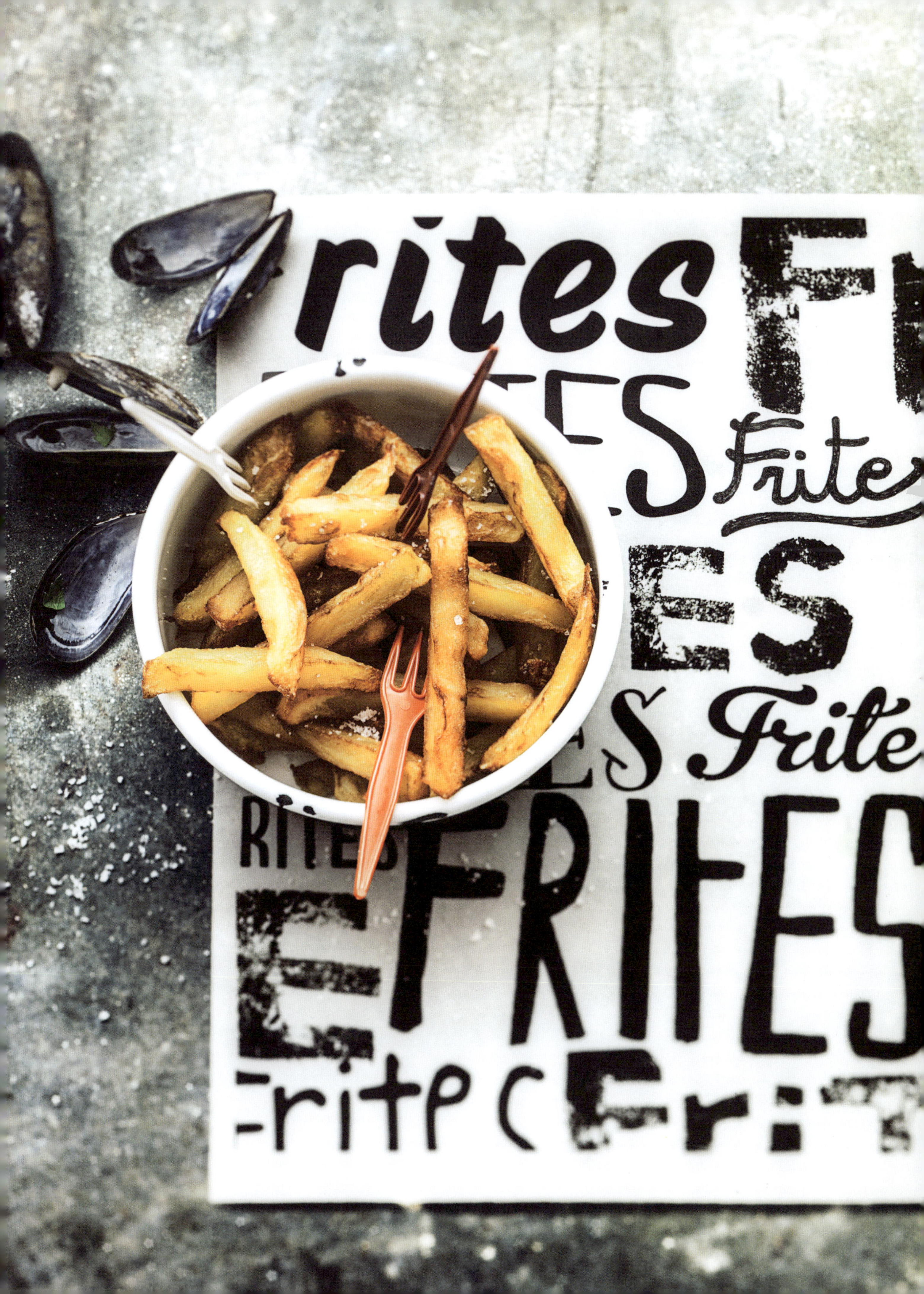
rites
Frite
Frite
FRITES

ENGLISCHE »CHIPS«

4   15'   5'   8'   30' PAUSE

1 KG BINTJE-KARTOFFELN

2 L FRITTIERÖL

½ TL FEINES SALZ

½ TL FLEUR DE SEL

● Die Kartoffeln mit einem Sparschäler schälen und dann mehrmals mit kaltem Wasser abspülen, bis die Stärke vollständig ausgewaschen ist (zum Schluss sollte das Wasser klar bleiben).

● Kartoffeln in gleich große Stäbchen schneiden; dazu kann auch ein Pommesschneider verwendet werden.

● Die Kartoffelstäbchen in einen Topf mit kaltem Wasser geben und einmal aufkochen lassen. Dann mit einem Schaumlöffel herausheben und sofort mit fließend kaltem Wasser abschrecken, um den Garprozess zu stoppen.

● Abtropfen lassen und mit einem sauberen Geschirrtuch sorgfältig abtrocken.

● Das Öl in der Fritteuse auf 150 °C erhitzen, die Kartoffeln in den Frittierkorb geben, dabei nicht zu viele auf einmal hineinfüllen.

● Den Korb in das heiße Öl hängen und die Kartoffeln in 5 Minuten darin garen.

● Den Frittierkorb herausnehmen und gut schütteln, damit das Fett abtropft; dann die Fritten etwa 30 Minuten abkühlen lassen.

● Das Öl auf 180 °C erhitzen und die Pommes nochmals maximal 3 Minuten darin frittieren.

● Herausnehmen, schütteln und gut abtropfen lassen; dann in eine mit Küchenpapier ausgelegte Schüssel geben. Wer die Fritten noch zu fettig findet, kann sie zusätzlich mit Küchenpapier vorsichtig abtupfen. Kräftig salzen.

● Englische Chips auf eine Platte geben, mit etwas Fleur de Sel bestreuen und sofort servieren.

DAZU SCHMECKT AM BESTEN:
FRITTENSAUCE
KETCHUP
CURRYSAUCE
SAUCE TARTARE

DIE ECHTEN FISH & CHIPS

Die berühmten, lecker-knusprigen Fish & Chips werden mit weißem Fischfilet (Dorsch, Kabeljau oder Schellfisch) zubereitet, das vor dem Frittieren in Bierteig getaucht wird. Dieser geht beim Garen auf und hüllt den Fisch vollständig ein. Für den Teig 400 Gramm Mehl mit etwas Salz und Pfeffer in einer Schüssel vermischen. ¼ Liter gutes Bier und ¼ Liter kohlensäurehaltiges Wasser hinzufügen. Gut verrühren und 30 Minuten ruhen lassen. Die Fischfilets in etwas Mehl wälzen, dann in den Teig tauchen und zuletzt einige Minuten frittieren. Die Chips kurz vor dem Servieren mit Sauce Tartare oder Malzessig beträufeln.

Traditionelle Fritten

Schwarze Essigsauce

AMERIKANISCHE »FRENCH FRIES«

4   15'   30'   10'   30' PAUSE

1 KG CAESAR-KARTOFFELN

2 L FRITTIERÖL

½ TL FEINES SALZ

½ TL FLEUR DE SEL

◉ Die Kartoffeln mit einem Sparschäler schälen, dann waschen und in dünne Stäbchen schneiden. Bei Verwendung eines Pommesschneiders den feinsten Einsatz wählen.

◉ Kartoffeln 30 Minuten lang in kaltes Wasser legen. Zwischendurch das Wasser immer wieder wechseln, damit die Stärke vollständig ausgewaschen wird (das letzte Wasser sollte klar bleiben). Dann mit einem sauberen Geschirrtuch sorgfältig abtrocknen.

◉ Das Öl in der Fritteuse auf 150 °C erhitzen. Die Kartoffeln in den Frittierkorb geben, aber nicht zu viele auf einmal (gegebenenfalls in mehreren Portionen frittieren).

◉ Den Frittierkorb in das heiße Öl hängen und die Kartoffeln in 7 Minuten darin garen. Den Korb herausnehmen und gut schütteln. Dann die Fritten etwa 30 Minuten abkühlen lassen.

◉ Das Öl auf 180 °C erhitzen und die Pommes nochmals maximal 3 Minuten frittieren.

◉ Herausnehmen, schütteln und gut abtropfen lassen; dann in eine mit Küchenpapier ausgelegte Schüssel geben. Das Papier entfernen und die Fritten kräftig salzen.

◉ French fries mit Fleur de Sel bestreuen und sofort servieren.

DAZU SCHMECKT AM BESTEN:
    FRITTENSAUCE
    KETCHUP
    AMERIKANISCHE SAUCE
    SAUCE TARTARE

DER ORIGINAL AMERIKANISCHE HAMBURGER

Ein amerikanischer Hamburger wird immer mit French fries serviert. Mit einem kurz gebratenen Hacksteak schmeckt er besonders gut. Dazu das Hackfleisch mit etwas Worcestersauce, gehackter Zwiebel und Kreuzkümmel vermengen. Mit den Händen zu einer Bulette formen und auf einem Rost oder in einer Pfanne ohne Fett braten. Zuletzt eine Scheibe Cheddar-Käse darauf schmelzen lassen. In der Zwischenzeit ein Hamburger-Brötchen 5 Minuten im Backofen erwärmen. Das aufgeschnittene Brötchen mit einem Salatblatt, zwei Tomatenscheiben, einer aufgeschnittenen Gewürzgurke und gebackenem Bacon belegen, ein wenig Ketchup und Mayonnaise daraufstreichen und zuletzt das Hacksteak hineingeben. Warm genießen.

Traditionelle Fritten

Amerikanische Sauce

Erbsen-Fritten

Auberginen-F

Feta-Fritten

Karamellisiert

Polenta-Fritten

Kartoffelpüree-Frit

Strohk

Seh

Spargel-Fritten

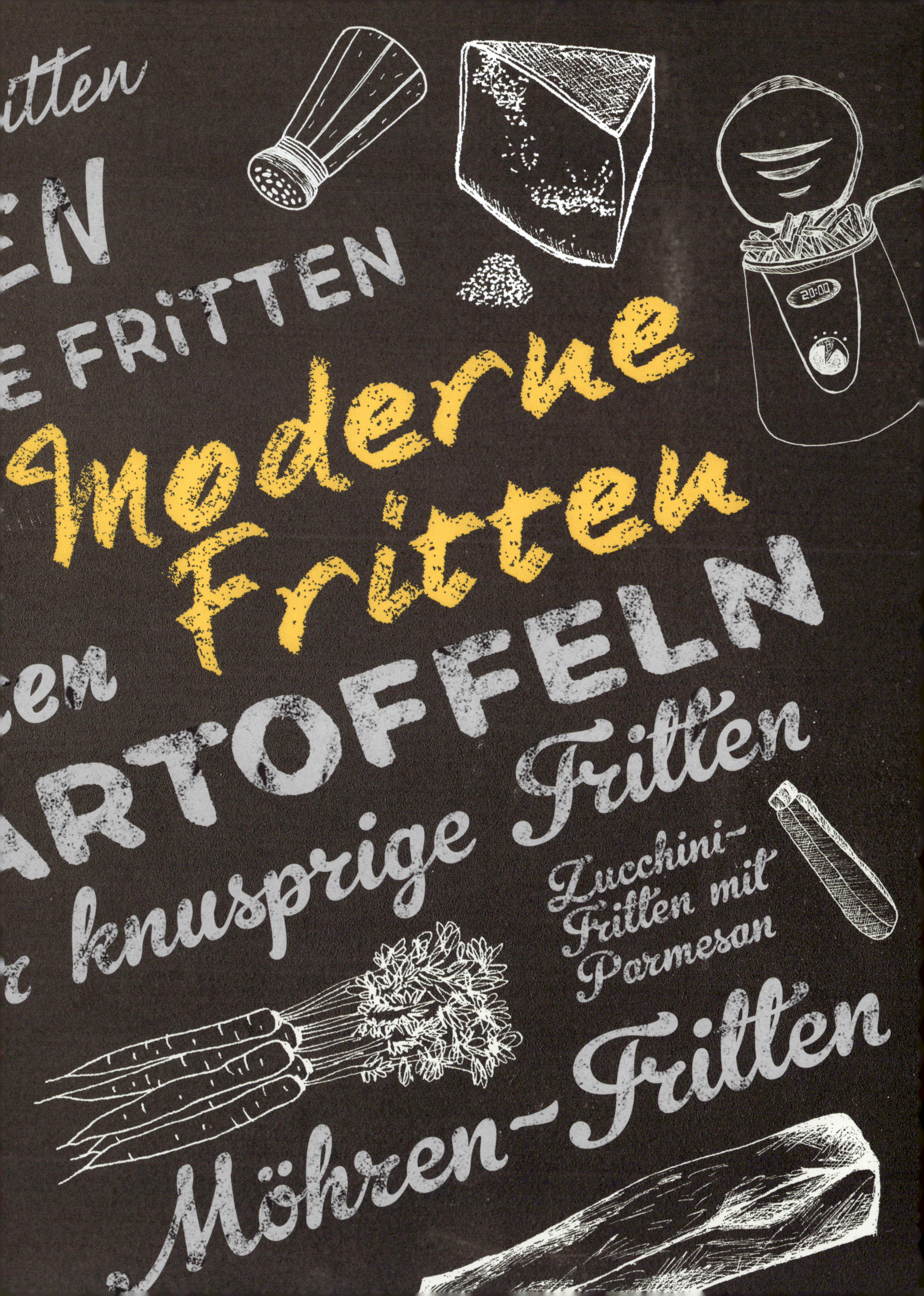

itten

EN

E FRITTEN

Moderne Fritten

en

ARTOFFELN

knusprige Fritten

Zucchini-
Fritten mit
Parmesan

Möhren-Fritten

STROH**KARTOFFELN**

4   10'   30'   5'

1 KG BINTJE-KARTOFFELN

2 L FRITTIERÖL

FEINES SALZ

FLEUR DE SEL

● Die Kartoffeln mit einem Sparschäler schälen und dann waschen.

● Mit einer Gemüsereibe in feine Scheiben hobeln, dann in 1,5 bis 2 Millimeter breite Stifte schneiden. 30 Minuten in kaltes Wasser legen und danach gründlich abspülen. Dann mit einem sauberen Geschirrtuch sorgfältig abtrocknen.

● Das Öl in der Fritteuse auf 160 °C erhitzen.

● Die Kartoffelstifte in den Frittierkorb geben und in 5 Minuten garen.

● Herausnehmen und in eine mit Küchenpapier ausgelegte Schüssel geben. Das Papier entfernen und die Fritten kräftig salzen.

● Strohkartoffeln auf eine Platte geben, mit etwas Fleur de Sel bestreuen und sofort servieren.

DAZU SCHMECKT AM BESTEN:
     FRITTENSAUCE
     KETCHUP
     AIOLI

TIPP

Auf die gleiche Weise können »Kartoffelhaare« zubereitet werden. Dazu die Kartoffeln in noch feinere, 1 Millimeter dicke Stifte schneiden. Sie können auch mit einer Julienne-Reibe gehobelt werden, allerdings erhalten die Stäbchen dann statt der eckigen eine rundere Form.

Ketchup

SEHR KNUSPRIGE
FRITTEN

4   15'   30'   8'

1 KG MARABEL-KARTOFFELN

2 L FRITTIERÖL

2 EIER

2 EL MEHL

3 EL PANIERMEHL

2 EL GERIEBENER PARMESAN

1 TL FEINES SALZ

½ TL FLEUR DE SEL

● Die Kartoffeln mit einem Sparschäler schälen, dann zügig mit kaltem Wasser waschen. Mit einem Messer in möglichst gleich große Stäbchen schneiden. Dafür kann auch ein Pommesschneider verwendet werden.

● Kartoffeln 30 Minuten in kaltes Wasser legen. Zwischendurch das Wasser immer wieder wechseln, damit die Stärke vollständig ausgewaschen wird. Dann mit einem sauberen Geschirrtuch sorgfältig abtrocknen.

● Das Öl in der Fritteuse auf 180 °C erhitzen.

● Die Eier in einer großen Schüssel verquirlen. Das Mehl in eine zweite Schüssel geben, und in einer dritten Schüssel Paniermehl, Parmesan und feines Salz vermengen.

● Die einzelnen Kartoffelstäbchen nacheinander in Mehl, Ei und der Paniermehl-Mischung wenden. Dann vorsichtig in den Frittierkorb legen.

● Kartoffeln in 8 Minuten frittieren. Den Frittierkorb herausnehmen und gut schütteln, damit das Fett abtropft. Dann die Pommes in eine mit Küchenpapier ausgelegte Schüssel geben. Das Papier entfernen.

● Die Fritten mit Fleur de Sel bestreuen und sofort servieren.

DAZU SCHMECKT AM BESTEN:
FRITTENSAUCE
KETCHUP
SAUCE BÉARNAISE
BLAUSCHIMMELKÄSESAUCE

TIPP

Die Panade kann durch Beigabe anderer Gewürze variiert werden. Dazu immer trockene Zutaten verwenden (keine frischen Kräuter). Nach Belieben zum Beispiel je ½ Teelöffel fein gehackten Knoblauch, Schalotten oder Basilikum untermengen.

Les frites ultra-croustillante

4

10'

20'

1 KG NICOLA-KARTOFFELN

3 EL OLIVENÖL

2 EL GERIEBENER PARMESAN

1 TL THYMIANBLÄTTCHEN

FLEUR DE SEL

FRISCH GEMAHLENER PFEFFER

PARMESAN-THYMIAN-FRITTEN

● Den Backofen auf 180 °C vorheizen.

● Die Kartoffeln mit einem Sparschäler schälen und in kaltes Wasser legen. Gründlich abspülen. In dicke Scheiben und dann in nicht zu dünne Stäbchen schneiden (etwa 12 Millimeter).

● Kartoffelstäbchen nochmals waschen, mit einem sauberen Geschirrtuch sorgfältig abtrocknen und in eine große Schüssel geben. Mit Olivenöl gut vermengen.

● Parmesan und Thymian darüberstreuen, dann die Kartoffelstäbchen in einen Gefrierbeutel füllen. Den Beutel verschließen und kräftig schütteln, damit die Kartoffeln von Parmesan und Kräutern vollständig umhüllt werden. Mit Salz und Pfeffer würzen und nochmals schütteln.

● Kartoffeln auf einem mit Backpapier ausgelegten Blech verteilen und in 20 Minuten im Backofen garen.

● Parmesan-Thymian-Fritten gegebenenfalls nachwürzen und sofort servieren.

DAZU SCHMECKT AM BESTEN:
    FRITTENSAUCE
    AMERIKANISCHE SAUCE
    ZWIEBELSAUCE

4

10'

5'

1 STD. PAUSE

200 G ERBSEN (DOSE ODER TK)

ETWAS OLIVENÖL

200 G MEHL

120 ML WASSER

½ TL KREUZKÜMMEL

FLEUR DE SEL

FRISCH GEMAHLENER PFEFFER

2 L FRITTIERÖL

ERBSEN-FRITTEN

● Die Dosenerbsen abtropfen lassen oder die TK-Erbsen zum Auftauen kurz blanchieren.

● Erbsen zu einem recht trockenen Brei pürieren und einen Schuss Olivenöl beigeben. Mehl, Wasser, Kreuzkümmel, Salz und Pfeffer hinzufügen und alles gut vermengen.

● Das Erbsenpüree etwa 2 Zentimeter dick auf einem Backblech verstreichen und abkühlen lassen. Dann 1 Stunde in den Kühlschrank stellen.

● Das Öl in der Fritteuse auf 170 °C erhitzen.

● Das kalte Erbsenpüree in lange Streifen und diese in etwa 10 Zentimeter lange Stäbchen schneiden; in den Frittierkorb geben.

● Erbsenstäbchen in 5 Minuten frittieren. Dann herausnehmen und in eine mit Küchenpapier ausgelegte Schüssel geben. Das Papier entfernen.

● Erbsen-Fritten gegebenenfalls nachwürzen und sofort servieren.

DAZU SCHMECKT AM BESTEN:
    KETCHUP
    AMERIKANISCHE SAUCE
    SAUCE TARTARE
    BARBECUESAUCE

KARTOFFELPÜREE-
FRITTEN

1 KG BINTJE-KARTOFFELN

FLEUR DE SEL

2 L FRITTIERÖL

2 EL MEHL

2 EIER

3 EL PANIERMEHL

FEINES SALZ

● Die Kartoffeln mit einem Sparschäler schälen und mit kaltem Wasser gründlich waschen. Vierteln und in kochendem Wasser garen; mit einem Messer überprüfen, ob die Kartoffeln weich sind.

● Kartoffeln zu einem trockenen Püree ohne Klümpchen zerstampfen; weder Milch noch Butter zugeben. Mit Salz würzen und gut durchrühren.

● Kartoffelpüree etwa 2 Zentimeter dick auf einem Backblech verstreichen und abkühlen lassen. Dann 1 Stunde in den Kühlschrank stellen.

● Das Öl in der Fritteuse auf 180 °C erhitzen.

● Das Kartoffelpüree in Stäbchen schneiden. Das Mehl in einen tiefen Teller füllen. Die Eier in einem zweiten tiefen Teller verquirlen und das Paniermehl in einen weiteren tiefen Teller geben. Den Inhalt jedes Tellers ein wenig salzen. Die einzelnen Kartoffelpüree-Stäbchen nacheinander behutsam in Mehl, Ei und Paniermehl wenden.

● In den Frittierkorb geben und darauf achten, dass die Stäbchen einander nicht berühren. In maximal 5 Minuten frittieren. Dann herausnehmen, den Korb gut schütteln und auf eine mit Küchenpapier ausgelegte Platte geben. Das Papier entfernen.

● Kartoffelpüree-Fritten mit etwas Fleur de Sel bestreuen und sofort servieren.

DAZU SCHMECKT AM BESTEN:
>   FRITTENSAUCE
>   KETCHUP
>   SAUCE BÉARNAISE
>   AMERIKANISCHE SAUCE
>   BARBECUESAUCE

TIPP

Die Fritten werden noch cremiger, wenn man eine dickflüssige (mit Parmesan, Roquefort, gehackten Oliven oder Tomatensauce gewürzte) Béchamelsauce unter das Püree mischt. Darauf achten, dass das Püree immer schön trocken bleibt, damit die Stäbchen beim Frittieren ihre Form behalten.

MODERNE FRITTEN

Sauce Béarnaise

MIT HONIG KARAMEL-
LISIERTE FRITTEN

1 KG NICOLA-KARTOFFELN

3 EL OLIVENÖL

FLEUR DE SEL

FRISCH GEMAHLENER PFEFFER

1 EL HONIG

● Den Backofen auf 180 °C vorheizen.

● Die Kartoffeln mit einem Sparschäler schälen und 1 Minute in kaltes Wasser legen. Gründlich abspülen, in Scheiben und dann in etwa 1 Zentimeter dicke Stäbchen schneiden. Die Kartoffelstäbchen waschen, mit einem sauberen Geschirrtuch sorgfältig abtrocknen und in eine große Schüssel geben.

● Mit dem Olivenöl gut vermengen, kräftig salzen und pfeffern, dann den Honig untermischen.

● Kartoffelstäbchen auf einem mit Backpapier ausgelegten Backblech verteilen.

● Auf der obersten Schiene in 10 Minuten backen; dabei regelmäßig kontrollieren, dass der Honig nicht anbrennt. Die Pommes herausnehmen, sobald sie karamellisieren.

● Karamellisierte Fritten gegebenenfalls nachwürzen und sofort servieren.

DAZU SCHMECKT AM BESTEN:
    FRITTENSAUCE
    ZWIEBELSAUCE
    SCHWARZE ESSIGSAUCE

TIPPS

Auf dieselbe Weise lassen sich amerikanische »potatoes« herstellen. Dazu die Kartoffeln waschen, abbürsten und in Spalten schneiden (ohne sie vorher zu schälen). Mit Olivenöl, Honig und etwas Paprikapulver vermengen, dann im vorgeheizten Backofen bei 180 °C in 15 Minuten garen. Nach Belieben kann das Paprikapulver auch durch andere Gewürze ersetzt werden.

Frittensauce

POLENTA-FRITTEN

4 | 15' | 10' | 2' | 1 STD. PAUSE

20 G BUTTER

300 ML MILCH

300 ML WASSER

150 G MAISGRIESS

1 EL PARMESAN

1 TL FEINES SALZ

2 L FRITTIERÖL

½ TL FLEUR DE SEL

● Die Butter zerlassen. Milch und Wasser in einem Topf zum Kochen bringen. Den Maisgrieß hineinrieseln lassen und unter regelmäßigem Rühren bei niedriger Hitze in 10 Minuten garen, bis ein dicker Brei entstanden ist. Parmesan und Butter unterrühren und kräftig salzen.

● Die Polenta 2 bis 3 Zentimeter dick auf einer Platte verstreichen und abkühlen lassen. Dann 1 Stunde in den Kühlschrank stellen.

● Das Öl in der Fritteuse auf 170 °C erhitzen.

● Polenta in etwa 10 Zentimeter lange Stäbchen schneiden und mit einer Kochzange vorsichtig in den Frittierkorb legen. Darauf achten, dass die Stäbchen einander nicht berühren.

● Polenta-Stäbchen in 2 Minuten frittieren. Dann herausnehmen, gut abtropfen lassen und auf einen tiefen, mit Küchenpapier ausgelegten Teller geben. Das Papier entfernen.

● Polenta-Fritten mit Fleur de Sel bestreuen und sofort servieren.

DAZU SCHMECKT AM BESTEN:
> FRITTENSAUCE
> KETCHUP
> AMERIKANISCHE SAUCE
> SAUCE BÉARNAISE

TIPP

Dieses Gericht kann auch als Dessert zubereitet werden. Dafür den Parmesan weglassen und das Salz durch 1 Esslöffel Zucker ersetzen. Die süßen Polenta-Fritten vor dem Servieren mit Puderzucker oder Kakaopulver bestreuen.

Amerikanische Sauce

tendances

Fries

FETA-FRITTEN

4 / 5' / 3'

400 G SCHAFSKÄSE (FETA)

2 EL MEHL

2 EIER

3 EL PANIERMEHL

FEINES SALZ

FRISCH GEMAHLENER PFEFFER

2 L FRITTIERÖL

◉ Den Feta erst direkt vor der Zubereitung aus dem Kühlschrank nehmen, damit er schön fest ist. In 1 Zentimeter breite Stäbchen schneiden.

◉ Das Mehl in einen tiefen Teller geben. Die Eier in einem zweiten Teller verquirlen. Das Paniermehl mit einer Prise Salz und etwas Pfeffer in einem dritten Teller vermengen.

◉ Das Öl in der Fritteuse auf 170 °C erhitzen.

◉ Die einzelnen Feta-Stäbchen nacheinander in Mehl, Ei und Paniermehl wenden.

◉ Feta-Stäbchen in den Frittierkorb legen; darauf achten, dass sie nicht übereinanderliegen. In 3 Minuten frittieren.

◉ Herausnehmen, gut abtropfen lassen und auf eine mit Küchenpapier ausgelegte Platte geben. Das Papier entfernen.

◉ Feta-Fritten sofort servieren.

DAZU SCHMECKT AM BESTEN:
    KRÄUTERSAUCE
    SCHWARZE ESSIGSAUCE
    AMERIKANISCHE SAUCE
    ZWIEBELSAUCE

TIPP

Die Fritten werden noch knuspriger, wenn man zusätzlich aufgepoppten und dann mit der Teigrolle oder im Mixer zermahlenen Mais unter die Panade mischt.

Amerikanische Sauce

FRITA FETA S

MÖHREN-FRITTEN

4 **10'** **5'**

2 L FRITTIERÖL

1 KG MÖHREN

FLEUR DE SEL

- Das Öl in der Fritteuse auf 170 °C erhitzen.

- Die Möhren mit einem Sparschäler schälen und dann waschen. Mit einem sauberen Geschirrtuch sorgfältig abtrocknen.

- Möhren der Länge nach in dicke Scheiben, dann in etwa 1 Zentimeter dicke Stäbchen schneiden.

- Möhrenstäbchen nochmals waschen und sorgfältig abtrocknen. Neue Möhren können im Ganzen und mit dem Kraut frittiert werden.

- Die Möhrenstäbchen in den Frittierkorb geben und in 5 Minuten unter steter Beobachtung garen. Herausnehmen und auf einer mit Küchenpapier ausgelegten Platte gut abtropfen lassen. Das Papier entfernen.

- Möhren-Fritten kräftig salzen und sofort servieren.

DAZU SCHMECKT AM BESTEN:
SAUCE TARTARE
CURRYSAUCE
KRÄUTERSAUCE
BLAUSCHIMMELKÄSESAUCE

TIPP

Die Möhren haben bei dieser Zubereitung möglicherweise noch ein wenig Biss. Wer eine zartere Konsistenz bevorzugt, kann die Möhren vor dem Frittieren 5 Minuten kochen. Während des Frittierens sollten sie dann ständig kontrolliert und nur 3 bis 4 Minuten im heißen Öl gelassen werden.

AUBERGINEN-FRITTEN

4 · 10' · 3'

2 L FRITTIERÖL

1 KG AUBERGINEN

SAFT VON 1 ZITRONE

2 EIER

2 EL MEHL

3 EL PANIERMEHL

2 EL PARMESAN

1 MSP. KNOBLAUCHPULVER

½ TL TOMATENPULVER

FLEUR DE SEL

FRISCH GEMAHLENER PFEFFER

● Das Öl in der Fritteuse auf 170 °C erhitzen.

● Die Auberginen waschen und mit einem Sparschäler schälen.

● Der Länge nach in Scheiben, dann in nicht zu dicke, etwa 10 Zentimeter lange Stäbchen schneiden.

● Die Auberginenstäbchen auf eine tiefe Platte geben und mit dem Zitronensaft vermengen, damit sie sich nicht verfärben.

● Die Eier in einer Schüssel verquirlen. Das Mehl in eine zweite Schüssel geben. Paniermehl, Parmesan, Knoblauch- und Tomatenpulver in einer dritten Schüssel vermengen. Alles mit Fleur de Sel und Pfeffer würzen.

● Die Auberginenstäbchen nacheinander in Mehl, Ei und der Paniermehl-Mischung wenden.

● In den Frittierkorb geben und in 3 Minuten garen.

● Herausnehmen und auf einer mit Küchenpapier ausgelegten Platte gut abtropfen lassen. Das Papier entfernen.

● Auberginen-Fritten gegebenenfalls nachwürzen und sofort servieren.

DAZU SCHMECKT AM BESTEN:
KETCHUP
ZWIEBELSAUCE
KRÄUTERSAUCE
FRITTENSAUCE

TIPP

Tomatenpulver ist in einigen Bioläden sowie über spezialisierte Internetshops erhältlich. Man kann Auberginen-Fritten aber auch mit Möhren-, Lauchpulver oder Pulver vom schwarzen Rettich zubereiten. Diese sehr konzentrierten Pulver werden aus getrocknetem und dann zermahlenem Gemüse hergestellt.

Frittensauce

ZUCCHINI-FRITTEN MIT PARMESAN UND MOHN

4   10'   5'

2 L FRITTIERÖL

1 KG ZUCCHINI

2 EIER

2 EL MEHL

3 EL PANIERMEHL

2 EL PARMESAN

1 TL MOHN

FEINES SALZ

FRISCH GEMAHLENER PFEFFER

● Das Öl in der Fritteuse auf 170 °C erhitzen.

● Die Zucchini waschen und mit einem sauberen Geschirrtuch sorgfältig abtrocknen.

● Zucchini der Länge nach in Scheiben, dann in nicht zu dicke, etwa 10 Zentimeter lange Stäbchen schneiden.

● Die Eier in einer Schüssel verquirlen. Das Mehl in eine zweite Schüssel geben. Paniermehl, Parmesan und Mohn in einer dritten Schüssel vermengen und mit Salz und Pfeffer würzen.

● Die einzelnen Zucchinistäbchen nacheinander in Mehl, Ei und der Paniermehl-Mischung wenden.

● In den Frittierkorb geben und in 5 Minuten unter steter Beobachtung frittieren.

● Herausnehmen und auf einer mit Küchenpapier ausgelegten Platte gut abtropfen lassen. Papier entfernen.

● Zucchini-Fritten kräftig salzen und sofort servieren.

DAZU SCHMECKT AM BESTEN:
    KETCHUP
    SAUCE TARTARE
    CURRYSAUCE
    BLAUSCHIMMELKÄSESAUCE

TIPPS

Je nach Geschmack können die Zucchini auch vorher geschält werden. Sie sollten kleine, feste Zucchini verwenden, damit die Fritten nicht bitter schmecken. Die Panade erhält eine schöne gelbe Farbe, wenn man noch etwas Currypulver unter das Paniermehl mengt.

Sauce Tartare

SPARGEL-FRITTEN

2 L FRITTIERÖL

500 G WEISSER SPARGEL

1 EL MEHL

1 EI

2 EL PANIERMEHL

1 TL GOMASIO (ASIATISCHE GEWÜRZMISCHUNG AUS SESAM UND SALZ)

FLEUR DE SEL

FRISCH GEMAHLENER PFEFFER

● Das Öl in der Fritteuse auf 170 °C erhitzen.

● Die Spargelstangen von unterhalb des Kopfes bis zum Stangenende schälen. Das untere Ende sehr großzügig abschneiden, damit der holzige Teil ganz entfernt wird.

● Das Mehl auf einen länglichen Teller geben. Das Ei in einem zweiten Teller verquirlen. Paniermehl und Gomasio in einem dritten Teller vermengen und mit Salz und Pfeffer würzen.

● Die Spargelstangen nacheinander in Mehl, Ei und der Paniermehlmischung wenden.

● Spargelstangen mit einer Küchenzange vorsichtig in den Frittierkorb legen; darauf achten, dass die Köpfe nicht beschädigt werden. In 3 Minuten unter steter Beobachtung frittieren.

● Herausnehmen und auf einer mit Küchenpapier ausgelegten Platte gut abtropfen lassen. Das Papier entfernen.

● Spargel-Fritten gegebenenfalls nachwürzen und sofort servieren.

DAZU SCHMECKT AM BESTEN:
    FRITTENSAUCE
    SAUCE TARTARE
    KRÄUTERSAUCE
    BLAUSCHIMMELKÄSESAUCE
    SAUCE BÉARNAISE

TIPPS

Der Spargel wird bei dieser Zubereitung sehr knackig. Wer ihn weicher mag, kann ihn einige Minuten länger frittieren und dabei das Öl auf nur 150 °C oder 160 °C erhitzen, damit die Panade nicht zu dunkel wird. Alternativ kann man den Spargel vor dem Frittieren auch 3 bis 4 Minuten in kochendem Wasser blanchieren. In diesem Fall müssen die Spargelstangen vor dem Panieren sehr sorgfältig abgetrocknet werden.

KOHLRABI-
FRITTEN

Süßkartoff

STECKRÜBEN-
FRITTEN

FRITTEN AUS SCHWARZEM RETTICH

Pastinak

PANISSE-
FRITTEN

Butt

sch

RO

...rnuss-Fritten

...el-Fritten

Kreative Fritten

...en-Fritten

Comté-Fritten

...WARZWURZEL-FRITTEN

...ürbis-Fritten

...-BETE-FRITTEN

4

10'

15'

1 GROSSE STECKRÜBE
(ETWA 1 KG) ODER 2–3
KLEINE

3 EL TRAUBENKERNÖL

FLEUR DE SEL

FRISCH GEMAHLENER
PFEFFER

½ TL FÜNF-GEWÜRZE-
PULVER (ASIATISCHE
MISCHUNG AUS SZECHUAN-
PFEFFER, ZIMT, GEWÜRZ-
NELKEN, FENCHELSAMEN
UND STERNANIS)

STECKRÜBEN-FRITTEN

● Den Backofen auf 180 °C vorheizen.

● Die Steckrüben schälen und unter kaltem Wasser waschen. In recht dicke Scheiben, dann in nicht zu dünne Stäbchen schneiden.

● Steckrüben in einer Schüssel mit Traubenkernöl vermengen und mit Salz, Pfeffer und dem Fünf-Gewürze-Pulver würzen. Achtung: Das großporige Fleisch der Steckrübe saugt viel Öl auf, nicht mehr als die angegebenen 3 Esslöffel verwenden.

● Steckrübenstäbchen auf einem mit Backpapier ausgelegten Blech verteilen.

● In 15 Minuten backen, dabei immer wieder kontrollieren. Nach der Hälfte der Garzeit die Fritten einmal gründlich durchmischen.

● Steckrüben-Fritten sofort servieren.

DAZU SCHMECKT AM BESTEN:
SCHWARZE ESSIGSAUCE
KETCHUP
FRITTENSAUCE
AIOLI

4

10'

8/10'

5 ODER 6 MITTELGROSSE
PASTINAKEN

2 L FRITTIERÖL

FEINES SALZ

FRISCH GEMAHLENER
PFEFFER

1 TL FÜNF-GEWÜRZE-
PULVER (ASIATISCHE
MISCHUNG AUS SZECHUAN-
PFEFFER, ZIMT, GEWÜRZ-
NELKEN, FENCHELSAMEN
UND STERNANIS)

PASTINAKEN-FRITTEN

● Die Pastinaken schälen, waschen und mit einem sauberen Geschirrtuch sorgfältig abtrocknen.

● Der Länge nach in dicke Scheiben, dann in etwa 10 Zentimeter lange, dicke Stäbchen schneiden.

● Das Öl in der Fritteuse auf 180 °C erhitzen. Die Pastinakenstäbchen in den Frittierkorb geben und in 8–10 Minuten garen.

● Herausnehmen und auf einer mit Küchenpapier ausgelegten Platte gut abtropfen lassen. Das Papier entfernen.

● Pastinaken-Fritten mit Salz und Pfeffer kräftig würzen, mit Fünf-Gewürze-Pulver bestäuben und sofort servieren.

DAZU SCHMECKT AM BESTEN:
FRITTENSAUCE
BLAUSCHIMMELKÄSESAUCE
CURRYSAUCE
SAUCE BÉARNAISE

Frittensauce

Steckrüben-Fritten

4

10'

3'

1 DICKE SCHEIBE COMTÉ
(ETWA 250 G)

2 EL MEHL

1 Ei

1 EL PANIERMEHL

FEINES SALZ

FRISCH GEMAHLENER
PFEFFER

2 L FRITTIERÖL

COMTÉ-FRITTEN

⬤ Den Comté von der Schale befreien und in 1 Zentimeter breite Stäbchen schneiden.

⬤ Das Mehl in einen tiefen Teller geben. Das Ei in einem zweiten Teller verquirlen. Paniermehl mit etwas Salz und Pfeffer in einem dritten Teller vermengen.

⬤ Das Öl in der Fritteuse auf 170 °C erhitzen.

⬤ Die Comté-Stäbchen nacheinander in Mehl, Ei und Paniermehl wenden. In den Frittierkorb geben und in 3 Minuten garen.

⬤ Herausnehmen, abtropfen lassen und in eine mit Küchenpapier ausgelegte Schüssel füllen. Das Papier entfernen.

⬤ Comté-Fritten sofort servieren.

DAZU SCHMECKT AM BESTEN:
    KRÄUTERSAUCE
    SCHWARZE ESSIGSAUCE
    ZWIEBELSAUCE

4

15'

20'

1 KÜRBIS

5 EL OLIVENÖL

½ TL KNOBLAUCHPULVER

1½ TL INGWERPULVER

2 EL PANIERMEHL

FEINES SALZ

FRISCH GEMAHLENER
PFEFFER

KÜRBIS-FRITTEN

⬤ Den Backofen auf 190 °C vorheizen.

⬤ Den Kürbis vierteln, entkernen und schälen. In dicke Scheiben und dann in etwa 10 Zentimeter lange Stäbchen schneiden.

⬤ Die Kürbisstäbchen in einer Schüssel mit dem Olivenöl vermengen.

⬤ Knoblauch, Ingwer, Paniermehl sowie etwas Salz und Pfeffer in einen Gefrierbeutel geben, die Kürbisstäbchen hinzufügen. Den Beutel kräftig schütteln, damit die Stäbchen von der Panade gut überzogen werden.

⬤ Kürbis auf einem mit Backpapier ausgelegten Backblech verteilen; darauf achten, dass die Stäbchen nicht übereinanderliegen.

⬤ Auf mittlerer Schiene in 20 Minuten backen, dabei immer wieder kontrollieren.

⬤ 3 Minuten vor Ende der Garzeit die Grillfunktion einstellen und das Blech eine Stufe höher schieben. Die Fritten goldbraun rösten, darauf achten, dass sie nicht anbrennen. Sobald sie eine schöne Färbung haben, aus dem Ofen nehmen.

⬤ Kürbis-Fritten gegebenenfalls nachwürzen und sofort servieren.

DAZU SCHMECKT AM BESTEN:
    BARBECUESAUCE
    SCHWARZE ESSIGSAUCE
    FRITTENSAUCE

Krautersauce

Comté-Fritten

SÜSSKARTOFFEL-FRITTEN MIT KREUZKÜMMEL

4   10'   7'

3 GROSSE SÜSSKARTOFFELN

2 L FRITTIERÖL

1 TL KREUZKÜMMEL

FLEUR DE SEL

FRISCH GEMAHLENER PFEFFER

● Die Süßkartoffen schälen und unter kaltem Wasser gründlich waschen.

● Der Länge nach in Scheiben und dann in dicke Stäbchen schneiden. Nochmals abspülen, dann mit einem sauberen Geschirrtuch sorgfältig abtrocknen.

● Das Öl in der Fritteuse auf 180 °C erhitzen.

● Die Süßkartoffelstäbchen portionsweise in den Frittierkorb geben und in 7 Minuten garen. Wenn zu viele Stäbchen auf einmal im Korb sind, garen sie nicht gleichmäßig.

● Den Frittierkorb herausnehmen und überprüfen, ob die Fritten knusprig sind. Wer sie noch knuspriger mag, kann sie weitere 2 bis 3 Minuten frittieren.

● Die Fritten in einer mit Küchenpapier ausgelegten Schüssel abtropfen lassen. Das Papier entfernen.

● Süßkartoffel-Fritten mit Kreuzkümmel vermengen, mit Fleur de Sel und Pfeffer kräftig würzen und sofort servieren.

DAZU SCHMECKT AM BESTEN:
SCHWARZE ESSIGSAUCE
BARBECUESAUCE
CURRYSAUCE

TIPPS

Da Süßkartoffeln einen natürlichen Zuckergehalt haben, können sie sowohl für Hauptgerichte als auch für Desserts verwendet werden (Rezept S. 104–105). Kombiniert man sie mit einer säuerlichen Note, tritt der süß-salzige Geschmack hervor. Dazu die Süßkartoffeln am Vorabend mit einem großen Stück frischen, geschälten Ingwer in einer Schale luftdicht verschließen. So nimmt das Gemüse das Ingwer-Aroma auf. Alternativ kann man Süßkartoffeln auch in Balsamico-Essig marinieren.

Barbecuesauce

ROTE-BETE-FRITTEN

4 10' 8'

3 KNOLLEN ROTE BETE

2 L FRITTIERÖL

FLEUR DE SEL

FRISCH GEMAHLENER PFEFFER

● Rote Bete kurz waschen, die Spitzen entfernen und die Knollen mit einem Sparschäler schälen.

● Die Rote Bete in dicke Scheiben, dann in 1,5 Zentimeter breite Stäbchen schneiden.

● Mit Küchenpapier sehr gut abtrocknen. Achtung: Rote Bete hinterlässt Flecken auf Händen und Kleidung.

● Das Öl in der Fritteuse auf 170 °C erhitzen.

● Die Rote-Bete-Stäbchen in den Frittierkorb geben und in 8 Minuten garen.

● Herausnehmen und die Fritten abtropfen lassen. Mit einer Gabel überprüfen, ob sie gar sind. Sie sollten noch ein wenig Biss haben, aber nicht zu hart sein.

● Auf eine mit Küchenpapier ausgelegte Platte geben. Das Papier entfernen.

● Rote-Bete-Fritten mit Fleur de Sel und Pfeffer würzen und sofort servieren.

DAZU SCHMECKT AM BESTEN:
   CURRYSAUCE
   FRITTENSAUCE
   AMERIKANISCHE SAUCE

TIPP

Rote-Bete-Fritten können auch paniert werden: Dazu ein Ei in einer Schüssel verquirlen und in einer zweiten Schüssel ein wenig Paniermehl mit 1 Esslöffel Gomasio (Gewürzmischung aus Sesam und Salz) vermischen. Die Rote-Bete-Stäbchen nacheinander in Ei und der Paniermehl-Mischung wenden und dann wie oben beschrieben frittieren. Diese sehr knusprigen Fritten vor dem Servieren gegebenenfalls noch einmal nachwürzen.

Currysauce

KNOLLENSELLERIE-FRITTEN

2 L FRITTIERÖL

1 KNOLLENSELLERIE

FLEUR DE SEL

FRISCH GEMAHLENER PFEFFER

KRÄUTER DER PROVENCE (NACH BELIEBEN)

● Das Öl in der Fritteuse auf 180 °C erhitzen.

● Den Knollensellerie mit einem Messer großzügig schälen, damit die faserigen Teile komplett entfernt werden; dabei die Knolle mit einer Hand auf der Arbeitsplatte festhalten und mit der anderen die Schale von oben nach unten abschneiden.

● Den Sellerie in dicke Scheiben, dann in etwa 1 Zentimeter breite Stäbchen schneiden.

● Selleriestäbchen waschen und 5 Minuten in kochendem Wasser blanchieren. Sorgfältig abtrocknen.

● Sellerie in den Frittierkorb geben und in 5 Minuten garen; dabei immer wieder kontrollieren.

● Herausnehmen, auf einer mit Küchenpapier ausgelegten Platte abtropfen lassen. Das Papier entfernen.

● Knollensellerie-Fritten mit Salz und Pfeffer würzen, nach Belieben mit Kräutern der Provence bestreuen und sofort servieren.

DAZU SCHMECKT AM BESTEN:
  SAUCE TARTARE
  CURRYSAUCE
  BLAUSCHIMMELKÄSESAUCE
  AIOLI

TIPP

Knollensellerie verfärbt sich schnell, deshalb ein wenig Zitronensaft sowie 1 Esslöffel Mehl in das Kochwasser rühren; so bleibt die natürliche Farbe des Selleries erhalten.

Sauce Tartare

SCHWARZWURZEL-FRITTEN

4   10'   3'

500 G SCHWARZWURZELN (DOSE)

2 L FRITTIERÖL

2 EIER

2 EL MEHL

3 EL PANIERMEHL

1 TL LEINSAMEN

FLEUR DE SEL

FRISCH GEMAHLENER PFEFFER

● Die Schwarzwurzeln 5 Minuten in einem Sieb abtropfen lassen, dann mit Küchenpapier gut abtrocknen.

● Das Öl in der Fritteuse auf 170 °C erhitzen.

● Die Eier in einem tiefen Teller verquirlen. Das Mehl in einen zweiten Teller geben. Paniermehl mit Leinsamen in einem dritten Teller vermengen. Den Inhalt der drei Teller mit Salz und Pfeffer würzen.

● Schwarzwurzeln nacheinander in Mehl, Ei und Paniermehl wenden.

● In den Frittierkorb geben und in 3 Minuten garen. Darauf achten, dass die Panade nicht zu dunkel wird.

● Herausnehmen und auf einer mit Küchenpapier ausgelegten Platte abtropfen lassen. Das Papier entfernen.

● Schwarzwurzel-Fritten gegebenenfalls nachwürzen und sofort servieren.

DAZU SCHMECKT AM BESTEN:
SCHWARZE ESSIGSAUCE
BARBECUESAUCE
CURRYSAUCE
SAUCE BÉARNAISE

TIPPS

Schwarzwurzeln aus der Dose sind für dieses Rezept sehr praktisch und zudem kostengünstig. Natürlich lassen sich die Fritten auch mit den recht schwer erhältlichen frischen Schwarzwurzeln zubereiten. Dafür die Schwarzwurzeln vorher schälen und blanchieren. Die Leinsamen geben der Panade Geschmack und machen sie noch knuspriger. Würziger werden die Fritten, wenn man ein wenig Chilipulver unter die Panade mischt.

Schwarze Essigsauce

4

10'

25'

3 SCHWARZE
RETTICHSTANGEN

1 TL OREGANO

3 EL OLIVENÖL

FLEUR DE SEL

FRISCH GEMAHLENER
PFEFFER

FRITTEN AUS
SCHWARZEM RETTICH

● Den Backofen auf 180 °C vorheizen.

● Rettich mit einem Sparschäler schälen. In nicht zu dicke Scheiben, dann in recht dünne Stäbchen schneiden. Unter kaltem Wasser abspülen und mit einem sauberen Geschirrtuch sorgfältig abtrocknen.

● Rettichstäbchen in einer Schüssel mit Oregano und Olivenöl gut vermengen.

● Die Stäbchen auf einem mit Backpapier ausgelegten Blech verteilen; darauf achten, dass sie nicht übereinanderliegen.

● Rettich in 25 Minuten backen, dabei immer wieder kontrollieren. Schwarzer Rettich braucht ziemlich lang, um gar zu werden; die Garzeit kann allerdings je nach Backofen um einige Minuten variieren.

● Rettich-Fritten mit Fleur de Sel und Pfeffer kräftig würzen und sofort servieren.

DAZU SCHMECKT AM BESTEN:
FRITTENSAUCE
ZWIEBELSAUCE
SCHWARZE ESSIGSAUCE

4

15'

20'

1 GROSSER BUTTERNUSS-
KÜRBIS (ODER 2 KLEINE)

1½ TL KORIANDERPULVER

1½ TL PAPRIKAPULVER

FEINES SALZ

FRISCH GEMAHLENER
PFEFFER

5 EL AVOCADOÖL

BUTTERNUSS-FRITTEN

● Den Backofen auf 220 °C vorheizen.

● Den Kürbis schälen. Die dicke Schale lässt sich manchmal schwer entfernen; am besten den Kürbis mit einer Hand auf der Arbeitsplatte festhalten und mit der anderen Hand von oben nach unten rundherum schälen. Darauf achten, dass nicht zu viel Fleisch mit abgeschält wird.

● Kürbis halbieren und entkernen. Das Kürbisfleisch der Länge nach erst in dicke Streifen, dann in etwa 10 Zentimeter lange Stäbchen schneiden.

● Koriander, Paprika, Salz und Pfeffer mit dem Öl vermischen und gut mit den Kürbisstäbchen vermengen.

● Kürbis auf einem mit Backpapier ausgelegten Blech verteilen; darauf achten, dass die Stäbchen nicht übereinanderliegen.

● Auf mittlerer Schiene in 20 Minuten backen; dabei immer wieder kontrollieren.

● 3 Minuten vor Ende der Garzeit die Grillfunktion einstellen und das Blech eine Stufe höher schieben. Die Fritten goldbraun rösten; darauf achten, dass sie nicht anbrennen. Sobald sie eine schöne Färbung haben, aus dem Ofen nehmen.

● Butternuss-Fritten auf eine Platte geben, gegebenenfalls nachwürzen und sofort servieren.

DAZU SCHMECKT AM BESTEN:
KETCHUP
BARBECUESAUCE
BLAUSCHIMMELKÄSESAUCE

Fritten aus schwarzem Rettich

PANISSE-FRITTEN

2 PANISSE (SIEHE TIPP)

2 L FRITTIERÖL

FLEUR DE SEL

2 TL KRÄUTER DER PROVENCE (NACH BELIEBEN)

● Panisse in lange, nicht zu dünne Stäbchen schneiden.

● Das Öl in der Fritteuse auf 170 °C erhitzen.

● Die Panisse-Stäbchen in den Frittierkorb geben und in 3 Minuten garen. Achtung, sie garen sehr schnell.

● Panisse-Fritten mit Fleur de Sel und/oder Kräutern der Provence bestreuen und sofort servieren.

DAZU SCHMECKT AM BESTEN:
> **FRITTENSAUCE**
> **KRÄUTERSAUCE**
> **ZWIEBELSAUCE**

TIPPS

Panisse ist eine provenzalische Spezialität auf der Basis von Kichererbsenmehl. Es ist in Deutschland schwer erhältlich, kann aber einfach selbst zubereitet werden: Dafür 300 g Kichererbsenmehl nach und nach in 1 Liter kochendes Wasser einstreuen; dabei ständig rühren, bis ein dicker Brei entstanden ist. 3 Esslöffel Olivenöl und etwas Salz unterrühren und die Masse etwa 2 Zentimeter dick auf einem Backblech verstreichen. Abkühlen lassen, dann zwei Stunden kalt stellen.

Panisse-Fritten schmecken auch als Dessert. Dazu das Salz weglassen und stattdessen Rohrzucker, Puderzucker oder Fruchtsauce darübergeben. Idealerweise sollten sie in Olivenöl frittiert werden.

Kräutersauce

KOHLRABI-FRITTEN

6 KLEINE KOHLRABI

2 L FRITTIERÖL

FLEUR DE SEL

FRISCH GEMAHLENER PFEFFER

1 TL SESAMSAMEN

● Die Kohlrabi mit einem Messer großzügig schälen, um die holzigen Teile vollständig zu entfernen.

● Kohlrabi in dicke Scheiben, dann in Stäbchen schneiden. Die Stäbchen waschen und gut abtrocknen.

● Das Öl in der Fritteuse auf 160 °C erhitzen und die Kohlrabistäbchen in den Frittierkorb geben.

● In 5 Minuten frittieren, dann auf einer mit Küchenpapier ausgelegten Platte abtropfen lassen. Das Papier entfernen und kräftig mit Fleur de Sel und Pfeffer würzen.

● Kohlrabi-Fritten mit Sesam bestreuen und sofort servieren.

DAZU SCHMECKT AM BESTEN:
   ZWIEBELSAUCE
   SCHWARZE ESSIGSAUCE
   FRITTENSAUCE

TIPP

Um den Fritten eine farbige und knusprige Note zu geben, einfach einige Stängel Petersilie frittieren. Dazu die Petersilie einige Sekunden ins heiße Öl geben, auf Küchenpapier gut abtropfen lassen und vor dem Servieren über die Kohlrabi-Fritten streuen.

Schwarze Essigsauce

Bananen-

SÜSSE

APFEL-FRITTEN

Süßkartoffel-Fritt

ARME-RE

Birnen-

SÜSSE **POMMES**

1 KG CHARLOTTE-KARTOFFELN

3 EL OLiVENÖL

2 EL ROHRZUCKER

1 EL ROSA ZUCKER (ALTERNATiV ROHRZUCKER)

● Den Backofen auf 180 °C vorheizen.

● Die Kartoffeln schälen, waschen und in etwa 0,5 Zentimeter dicke Stäbchen schneiden.

● Mehrmals waschen, um die Stärke vollständig zu entfernen; beim letzten Abspülen sollte das Wasser klar bleiben. Dann mit einem sauberen Geschirrtuch sorgfältig abtrocknen.

● In einer Schüssel mit dem Öl vermengen, dann den Rohrzucker untermischen. Alle Kartoffelstäbchen sollten gut von der Öl-Zucker-Mischung eingehüllt sein.

● Kartoffeln auf ein mit Backpapier ausgelegtes Blech geben und darauf achten, dass die Stäbchen nicht übereinanderliegen.

● Auf mittlerer Schiene in 30 Minuten garen. 5 Minuten vor Ende der Garzeit das Blech auf die oberste Stufe schieben, damit die Fritten karamellisieren. Darauf achten, dass sie nicht anbrennen.

● Die süßen Pommes mit rosa Zucker oder alternativ mit Rohrzucker bestreuen und sofort servieren.

TiPP

Die süßen Pommes lassen sich sehr gut mit verschiedenen Zuckersorten variieren: mit Rohrohrzucker, braunem Zucker, Vanillezucker, klassischem weißem Zucker oder gefärbten, aromatisierten Zuckersorten (rotem Erdbeerzucker, blauem Heidelbeerzucker, gelbem Zitronenzucker ...). Diese sind insbesondere über spezialisierte Seiten im Internet erhältlich.

SÜSSKARTOFFEL-FRITTEN MIT ROHRZUCKER

3 SÜSSKARTOFFELN

3 EL OLIVENÖL

2 EL ROHRZUCKER

● Den Backofen auf 180 °C vorheizen.

● Die Süßkartoffeln schälen, waschen und in gleichmäßig große Stäbchen schneiden.

● Stäbchen waschen, abtrocknen und in einer Schüssel mit dem Olivenöl vermengen; dann den Rohrzucker untermischen.

● Die Süßkartoffeln auf einem mit Backpapier ausgelegten Blech verteilen und darauf achten, dass die Stäbchen nicht übereinanderliegen.

● Auf mittlerer Schiene in 30 Minuten garen. 5 Minuten vor Ende der Garzeit das Blech auf die oberste Stufe schieben. Die Fritten sollen karamellisieren; darauf achten, dass sie nicht anbrennen.

● Süßkartoffel-Fritten mit ein wenig Rohrzucker bestreuen und sofort warm servieren.

TiPPS

Liebhaber »schwerer« Desserts amerikanischer Art können diese süßen Fritten auch als Kuchen servieren. Dazu die Fritten in einer Schüssel übereinanderschichten und mit gezuckerter Kondensmilch oder Ahornsirup begießen. Alternativ können die Süßkartoffel-Fritten auch mit steif geschlagener Sahne serviert werden.

BANANEN-FRITTEN MIT ROHROHRZUCKER

4 NICHT ZU REIFE BANANEN

3 EL VOLLROHRZUCKER

● Den Backofen auf 150 °C vorheizen.

● Die Bananen schälen, der Länge nach halbieren und in 10 Zentimeter lange Stäbchen schneiden.

● Die Stäbchen einzeln in Vollrohrzucker wälzen, sodass sie gleichmäßig von Zucker bedeckt sind.

● Bananen auf einem mit Backpapier ausgelegten Backblech verteilen; die Stäbchen sollten einander nicht berühren.

● In maximal 5 Minuten relativ weit oben im Ofen backen. Darauf achten, dass sie nicht anbrennen. Achtung: Die Banane wird sehr schnell weich.

● Bananen-Fritten vorsichtig auf ein Brett oder eine Platte legen und abkühlen lassen. Der karamellisierte Zucker härtet ein bisschen aus und bildet eine schöne Kruste.

● Bananen-Fritten lauwarm servieren und Gabeln dazu reichen.

> **TIPP**
>
> Vollrohrzucker ist ein unraffinierter Zucker, der noch die natürliche Melasse enthält. Er hat deshalb eine dunkle Färbung und einen leichten Lakritz- und Vanillegeschmack.

APFEL-FRITTEN

4 ÄPFEL (GRANNY SMiTH)

SAFT VON ½ ZiTRONE

25 G GESALZENE BUTTER

3 EL ROHRZUCKER

● Den Backofen auf 190 °C vorheizen.

● Die Äpfel schälen und vierteln. Apfelgehäuse entfernen und die Viertel in Scheiben, dann in recht dicke Stäbchen schneiden.

● Apfelstäbchen in einer Schüssel mit Zitronensaft vermengen, damit sie sich nicht verfärben.

● Die Butter zerlassen und über die Apfelstäbchen gießen. Den Rohrzucker hinzufügen und alles gut vermengen.

● Äpfel auf einem mit Backpapier ausgelegten Blech verteilen; darauf achten, dass die Stäbchen nicht übereinanderliegen.

● In 10 Minuten relativ weit oben im Ofen backen, damit die Fritten karamellisieren. Darauf achten, dass sie nicht anbrennen. Sie sollten aber auch nicht zu weich werden, da sie sonst zu Kompott zerfallen (die Garzeit kann je nach Backofen etwas variieren).

● Apfel-Fritten nach Belieben noch mit etwas Rohrzucker bestreuen und lauwarm servieren.

TiPPS

Apfel-Fritten schmecken sehr gut mit Schokoladensauce: Dafür Blockschokolade mit etwas Sahne in der Mikrowelle oder im Wasserbad schmelzen. Ein wenig Vanille und Zimt hinzufügen; dann die Apfel-Fritten in die Sauce tauchen. Man kann Apfel-Fritten auch mit ungeschälten Äpfeln zubereiten.

BIRNEN-FRITTEN

4 NICHT ZU REIFE BIRNEN (Z. B. DER SORTE CONFERENCE)

SAFT VON ½ ZITRONE

1 Ei

3 EL ZUCKER-NUSS-MISCHUNG (SIEHE TIPP)

● Den Backofen auf 170 °C vorheizen.

● Die Birnen schälen, halbieren und die Gehäuse entfernen. In Scheiben, dann in recht dicke Stäbchen schneiden und mit Zitronensaft beträufeln, damit sie sich nicht verfärben.

● Das Ei in einem tiefen Teller verquirlen. Die Zucker-Nuss-Mischung in einen zweiten Teller füllen.

● Die Birnenstäbchen nacheinander in Ei und der Zucker-Nuss-Mischung wenden.

● Birnen auf einem mit Backpapier ausgelegten Blech verteilen; darauf achten, dass die Stäbchen nicht übereinanderliegen.

● In 10 Minuten auf mittlerer Schiene backen. 3 Minuten vor Ende der Garzeit das Blech auf die oberste Stufe schieben; darauf achten, dass die Fritten nicht anbrennen.

● Birnen-Fritten etwas abkühlen lassen, lauwarm servieren und mit der Hand oder der Gabel verzehren.

> **TIPP**
>
> Die Zucker-Nuss-Mischung ist ganz einfach selbst herzustellen. Dazu eine bestimmte Menge Zucker mit derselben Menge gemahlener Haselnüsse und Mandeln vermischen (bei 100 Gramm Zucker benötigt man 50 Gramm Haselnüsse und 50 Gramm Mandeln). In einem verschlossenen Behälter kann diese Mischung mehrere Wochen aufbewahrt werden.

ARME-RITTER-FRITTEN

4 / 10' / 3'

8 SCHEIBEN WEISSBROT VOM VORTAG

2 L FRITTIERÖL

2 EIER

1 TL AGAVENDICKSAFT

2 EL MEHL

2 EL ZUCKER

3 EL ROHRZUCKER

- Das Weißbrot in Stäbchen schneiden.

- Das Öl in der Fritteuse auf 180 °C erhitzen.

- Die Eier in einem tiefen Teller verquirlen und den Agavendicksaft unter-rühren. Mehl und Zucker in einem zweiten Teller vermengen.

- Die Brotstäbchen nacheinander in der Eiermischung und der Mehlmischung wenden, sodass sie vollständig von der Panade umhüllt werden.

- Brotstäbchen in den Frittierkorb geben und in 3 Minuten garen.

- Herausnehmen und auf einer mit Küchenpapier ausgelegten Platte abtrop-fen lassen. Das Papier entfernen.

- Arme-Ritter-Fritten mit Rohrzucker bestreuen und sofort servieren.

> **TIPP**
>
> Arme-Ritter-Fritten lassen sich gut variieren: Dafür dem verquirlten Ei 1 Teelöffel Grand Marnier oder Vanille-Aroma beifügen. Die Fritten vor dem Servieren alternativ mit Zimt, Kakao oder Zucker bestreuen.

ZWIEBELSAUCE

Bouquet garni

Zwiebel

weiße Zwiebel

Petersilie

Knoblauch

Kräutersauce

Mohn

Gewürz-
nelken

Aioli

Milch

Estragon

Schalotten

SAUCE BÉARNAISE

Sojasauce

Currysauce

Quatre-Épices

Curry

Barbecuesauce

Honig

Miel

bzz

Die
Saucen

Senf

Frisch gemahlener Pfeffer

MOUT

Tomaten

Zucker

KETCHUP

Mehl

Olivenöl

Blauschimmelkäse

FRITTENSAUCE

1 KG TOMATEN

2 ZWIEBELN

1 KNOBLAUCHZEHE

1 EL OLIVENÖL

3 GEWÜRZNELKEN (GEMAHLEN)

1 TL QUATRE-ÉPICES (FRANZÖSISCHE GEWÜRZMISCHUNG AUS PFEFFER, MUSKATNUSS, NELKEN UND ZIMT)

50 G ZUCKER

200 ML HONIG-ESSIG (ODER CIDRE-ESSIG)

1 TL HONIG

1 MSP. PAPRIKAPULVER

1 TL TOMATENMARK

FEINES SALZ

FRISCH GEMAHLENER PFEFFER

KETCHUP

● Tomaten waschen, häuten und von den Stielansätzen befreien. Zwiebeln und Knoblauchzehe schälen und fein hacken. Olivenöl in einer großen tiefen Pfanne erhitzen, dann Tomaten, Zwiebeln, Knoblauch, Nelken und Quatre-Épices zufügen.

● 45 Minuten bei niedriger Hitze schmoren. Nach der Hälfte der Garzeit die Tomaten zerdrücken.

● Zucker, Essig, Honig, Paprika und Tomatenmark unterrühren. Mit Salz und Pfeffer würzen.

● Etwa 1 Stunde und 30 Minuten einkochen lassen. Vom Herd nehmen, gegebenenfalls nachwürzen und abkühlen lassen.

● Die Sauce durch ein feines Sieb streichen, um die Tomatenkerne zu entfernen. Ketchup zwei bis drei Tage im Kühlschrank aufbewahren, dann gut gekühlt genießen.

TIPP

Je intensiver Ketchup schmeckt, desto besser ist es. Gewürze und Kräuter verleihen der Sauce eine besondere Note: Bestens geeignet sind Kreuzkümmel, Süßholz, Zimt, Ingwer, Basilikum …

1 WEISSE ZWIEBEL

1 KNOBLAUCHZEHE

1 EL OLIVENÖL

FEINES SALZ

FRISCH GEMAHLENER PFEFFER

3 EL KETCHUP

1 TL TOMATENMARK

1 EL BRAUNE SAUCE (Z. B. WORCESTERSAUCE)

2 EL HONIG

2 EL PAPRIKAPULVER

BARBECUESAUCE

● Zwiebel und Knoblauch schälen, fein würfeln und in einer Pfanne mit Olivenöl bei niedriger Hitze andünsten. Salzen, pfeffern und darauf achten, dass sie nicht braun werden.

● Den Rest der Zutaten untermischen und unter regelmäßigem Rühren einkochen lassen.

● Wenn die Sauce zu dickflüssig ist, kann sie mit etwas Wasser verdünnt werden.

● Barbecuesauce kalt oder warm servieren.

TIPP

»Braune Sauce« ist eine typisch englische Sauce, die auf der Basis von Malzessig und Melasse zubereitet wird. Wer sie nicht findet, kann der Barbecuesauce einfach je 1 Teelöffel der beiden genannten Hauptzutaten beimischen.

Die Saucen

2 EIGELB

2 GEHÄUFTE EL MOUTARDE CONDIMENT
(ODER MILDER SENF, SIEHE TIPP)

1 SCHUSS WEISSER ESSIG ODER CIDRE-ESSIG

FEINES SALZ

FRISCH GEMAHLENER PFEFFER

½ TL HONIG

300 ML SONNENBLUMENÖL

FRITTEN SAUCE

⬤ Ein schmales hohes Gefäß verwenden, damit die Mayonnaise schön fest werden kann.

⬤ Eigelbe, Senf, Essig, Salz, Pfeffer und Honig darin vermengen.

⬤ Die Zutaten mit einem Handrührgerät verschlagen; dabei tröpfchenweise das Öl zugießen. Wenn die Konsistenz zu flüssig ist, noch etwas Senf und ebenso viel Öl zugeben.

⬤ So lange rühren, bis die Mayonnaise eine ausreichend feste Konsistenz erreicht hat; gegebenenfalls nachwürzen.

⬤ Die Frittensauce im Kühlschrank aufbewahren und kalt servieren.

TIPP

Moutarde Condiment ist ein aromatisierter Senf. Er enthält Zucker und ist recht mild im Geschmack. In Frankreich ist er im Supermarkt erhältlich, kann aber auch einfach selbst hergestellt werden. Dazu mittelscharfen Senf mit etwas braunem Zucker, Korianderpulver und einer Prise Kurkuma verrühren.

2 SCHALOTTEN

100 ML WEISSER ESSIG

6 EL GEHACKTER ESTRAGON

FRISCH GEMAHLENER PFEFFER

200 G BUTTER

6 EIGELB

2 TL WASSER

FEINES SALZ

SAUCE **BÉARNAISE**

◉ Schalotten schälen und fein hacken. Dann zusammen mit dem Essig, der Hälfte des Estragons und ein wenig Pfeffer in einen Topf geben.

◉ Bei niedriger Hitze 10 Minuten köcheln, damit der Essig verdampft. Die Butter in der Mikrowelle oder einem Topf zerlassen.

◉ Die Essig-Mischung vom Herd nehmen, Eigelbe und Wasser zugeben und mit einem Schneebesen kräftig verschlagen. Dann im Wasserbad (oder bei sehr niedriger Hitze) unter stetem Rühren eindicken lassen.

◉ Vom Herd nehmen und nach und nach die Butter kräftig unterschlagen, dadurch bekommt die Sauce Volumen und schäumt auf.

◉ In ein Gefäß füllen, den Rest des Estragons untermengen und mit Salz und Pfeffer würzen.

◉ Sauce Béarnaise lauwarm oder kalt servieren.

TIPP

Wer eine leichtere Variante der Sauce Béarnaise bevorzugt, kann die Butter durch Quark oder 1 Esslöffel in Wasser aufgelöste Maisstärke ersetzen. In diesem Fall die Sauce unbedingt stärker würzen, da sonst der Geschmack verwässert.

Die Saucen

SAUCE **TARTARE**

● Eigelbe, Senf, Essig, Salz und Pfeffer in ein schmales hohes Gefäß geben. Mit einem Handrührgerät zu einer Mayonnaise verschlagen und dabei ganz allmählich das Öl zugießen. So lange rühren, bis die Mayonnaise eine ausreichend feste Konsistenz erreicht hat.

● Zwiebel schälen und fein hacken. Kapern und Gewürzgurken sowie die frischen Kräuter ebenfalls sehr fein hacken, dann unter die Mayonnaise ziehen. Gegebenenfalls mit Salz und Pfeffer nachwürzen.

● Sauce Tartare gut gekühlt servieren.

2 EiGELB
1 GEHÄUFTER EL SCHARFER SENF
1 SCHUSS WEiNESSiG
FEiNES SALZ
FRiSCH GEMAHLENER PFEFFER
200 ML SONNENBLUMENÖL
1 KLEiNE ZWiEBEL
1 EL KAPERN
10 KLEiNE GEWÜRZGURKEN
1 BUND PETERSiLiE, KERBEL, ESTRAGON
UND SCHNiTTLAUCH

AIOLI

● Die Knoblauchzehen schälen und pressen. Eigelbe in ein schmales hohes Gefäß geben. Den zerdrückten Knoblauch, Senf, Essig, Salz und Pfeffer hinzufügen.

● Mit dem Handrührgerät zu einer Mayonnaise verschlagen, dabei tröpfchenweise das Öl zugießen. So lange rühren, bis die Mayonnaise eine ausreichend feste Konsistenz erreicht hat.

● Aioli mit Salz und Pfeffer abschmecken und gut gekühlt servieren.

5 KNOBLAUCHZEHEN
2 EiGELB
1 GEHÄUFTER EL SCHARFER SENF
1 SCHUSS WEiNESSiG
FEiNES SALZ
FRiSCH GEMAHLENER PFEFFER
200 ML SONNENBLUMENÖL

50 G BUTTER

50 G MEHL

400 ML MILCH

150 G BLAUSCHIMMELKÄSE

FEINES SALZ

FRISCH GEMAHLENER PFEFFER

BLAUSCHIMMELKÄSESAUCE

● Die Butter in einem Topf bei niedriger Hitze zerlassen. Das Mehl hineinsieben und unter stetem Rühren anschwitzen, bis es eine goldene Färbung annimmt.

● Nach und nach die Milch, dann den Käse in Bröckchen unterrühren, bis er geschmolzen ist. So lange weiterrühren, bis die Sauce etwas eingedickt ist.

● Blauschimmelkäsesauce mit Salz und Pfeffer würzen und warm servieren.

TIPPS

Diese spezielle Béchamelsauce wird in Belgien traditionell mit Mimolette-Käse zubereitet – nach demselben Rezept wie die Käsesauce der berühmten amerikanischen »macaroni & cheese«. Der Blauschimmelkäse kann auch durch Cheddar, Comté oder Camembert ersetzt werden.

2 EIGELB
1 GEHÄUFTER EL SCHARFER SENF
1 SCHUSS WEISSER ESSIG
FEINES SALZ
FRISCH GEMAHLENER PFEFFER
200 ML SONNENBLUMENÖL
1 TL CURRYPULVER

CURRYSAUCE

◉ Eigelbe und Senf in ein schmales hohes Gefäß geben. Essig, Salz und Pfeffer hinzufügen.

◉ Mit dem Handrührgerät zu einer Mayonnaise verschlagen, dabei ganz allmählich das Öl zugießen. So lange rühren, bis die Mayonnaise eine ausreichend feste Konsistenz erreicht hat.

◉ Currypulver dazugeben und die Mayonnaise nochmals verschlagen.

◉ Currysauce mit Salz und Pfeffer abschmecken und gut gekühlt servieren.

TIPPS

Wer eine leichtere Variante bevorzugt, kann die nach Rezept selbst hergestellte Mayonnaise durch Quark ersetzen.
Für eine exotischere Currysauce einfach 250 Gramm Crème fraîche mit 2 Esslöffeln Kokosmilch bei niedriger Hitze 10 Minuten verrühren, mit Currypulver würzen und die Sauce warm servieren.

Die Saucen

AMERIKANISCHE SAUCE

4 / 15' / 10'

- Zwiebeln, Schalotten und Knoblauch schälen, fein hacken und in Olivenöl unter Rühren andünsten; darauf achten, dass sie nicht braun werden.

- Die Tomaten kurz in kochendes Wasser tauchen, die Haut abziehen, das Fleisch würfeln und zu den Zwiebeln geben. Weißwein und Cognac dazugießen und das Bouquet garni zugeben. Gut verrühren und mit Paprika bestäuben.

- Mit Salz und Pfeffer kräftig würzen, dann im Mixer zerkleinern. Nicht zu fein pürieren, damit die Sauce ein wenig Struktur behält.

- Die Sauce nochmals einige Minuten köcheln lassen; dann das in etwas warmem Wasser aufgelöste Mehl unterrühren und bei starker Hitze einige Minuten einkochen lassen.

- Amerikanische Sauce warm servieren.

3 ZWIEBELN
2 SCHALOTTEN
2 KNOBLAUCHZEHEN
3 EL OLIVENÖL
4 TOMATEN
1 GLAS WEISSWEIN
2 EL COGNAC
1 BOUQUET GARNI (PETERSILIE, THYMIAN, LORBEERBLÄTTER)
1 TL PAPRIKAPULVER
FEINES SALZ
FRISCH GEMAHLENER PFEFFER
1 EL MEHL

ZWIEBELSAUCE

4 / 5' / 10'

- Zwiebeln schälen und fein hacken. Butter in einem Topf bei niedriger Hitze zerlassen, Zwiebeln und Essig zugeben. Mit Salz und Pfeffer würzen und langsam andünsten.

- Mit Mehl bestäuben, dann die Brühe zugeben. Gut verrühren und bei niedriger Hitze allmählich einköcheln lassen.

- Den Zucker zugeben und gut verrühren.

- Zwiebelsauce gegebenenfalls nachwürzen und warm servieren.

5 ZWIEBELN
40 G BUTTER
1 TL ESSIG
FEINES SALZ
FRISCH GEMAHLENER PFEFFER
2 EL MEHL
300 ML GEFLÜGELBRÜHE
1 EL ZUCKER

Die Saucen

3 EL SCHWARZER REISESSIG

2 EL SOJASAUCE

½ TL SESAMÖL

CHILISAUCE

SCHWARZE ESSIGSAUCE

● Den schwarzen Reisessig in ein Gefäß geben.

● Sojasauce und Sesamöl hinzufügen und alles gut verrühren, damit sich die Zutaten gut verbinden.

● Ein wenig Chilisauce unterrühren, um der Sauce eine pikante Note zu geben.

TIPP

In China wird schwarzer Reisessig traditionell für Saucen und Marinaden verwendet. Alternativ kann die Essigsauce auch mit dem milderen weißen Reisessig zubereitet werden; dann die Chilisauce durch ½ Teelöffel Zucker ersetzen.

2 EIGELB

1 GEHÄUFTER EL SCHARFER SENF

1 SCHUSS WEISSER ESSIG ODER CIDRE-ESSIG

FEINES SALZ

FRISCH GEMAHLENER PFEFFER

200 ML SONNENBLUMENÖL

½ BUND PETERSILIE

½ BUND SCHNITTLAUCH

½ BUND KERBEL

KRÄUTERSAUCE

● Eigelbe, Senf, Essig, Salz und Pfeffer in ein schmales hohes Gefäß geben.

● Mit dem Handrührgerät zu einer Mayonnaise verschlagen, dabei ganz allmählich das Öl zugießen. Wenn die Konsistenz zu flüssig ist, noch etwas Senf und ebenso viel Öl zugeben. So lange rühren, bis die Mayonnaise eine ausreichend feste Konsistenz erreicht hat.

● Die Kräuter fein hacken und vorsichtig unter die Mayonnaise ziehen, sodass sie nicht zerdrückt werden. Mit Salz und Pfeffer abschmecken.

● Kräutersauce im Kühlschrank aufbewahren und gut gekühlt servieren.

TIPPS

Die Sauce kann auch als »grüne Sauce« zubereitet werden. Dafür die Kräuter im Mixer pürieren, bevor sie unter die Mayonnaise gehoben werden. Um die Sauce noch würziger zu machen, eine kleine, fein gehackte frische Zwiebel unterrühren.

Die Saucen

Rezeptregister

Bibliographie

INTERNETSEITEN

www.plantdepommedeterre.org
www.geves.fr
www.cnipt.fr
www.producteursdepommesdeterre.org
www.arvalis-infos.fr
www.cipotato.org
www.lafranceagricole.fr/
www.arte.tv/fr/3023508,CmC=3023512.html
www.musee-gourmandise.be
http://chroniques.bnf.fr/ Die Ausstellung „livres en bouche"
widmet sich der französischen Kochkunst vom Mittelalter bis zum
Ende des Ancien Régime.
www.extenso.org
www.iehca.eu
http://culture.ulg.ac.be/

BÜCHER

• Marc de Ferrière le Vayer / Jean-Pierre Williot: **La Pomme de terre de la Renaissance au XXIe siècle,** Presses Universitaires de Rennes/Presses Universitaires François Rabelais

• Sophie Le Doré: **Ce que nous devons savoir sur la pomme de terre,** mit einem Vorwort von Jean-Pierre Coffe, Plon

• Patrick Rambourg: **Histoire de la cuisine et de la gastronomie française,** Tempus

• Anthony Rowley: **Une histoire mondiale de la table, stratégie de la bouche,** Odile Jacob

• Jean-Anthelme Brillat-Savarin: **Physiologie des Geschmacks,** Insel, Originalausgabe 1824

• Auguste Escoffier: **Kochkunstführer,** Pfanneberg, Originalausgabe 1902

• Hervé This: **Rätsel und Geheimnisse der Kochkunst. Naturwissenschaftlich erklärt,** Piper

Danksagung

Ich danke von Herzen all meinen Testessern und Unterstützern:
Meinen Kindern Lola und Tom-Lou, die von dem Thema begeistert waren; meinem Mann Arnaud, der vorbildlich manchmal mehrere Rezepte an einem Tag probiert hat (seither ist er auf Diät).
Bénédicte und Suzanne, den talentierten Grafikerinnen, die nicht nur meine Rezepte probiert, sondern sich auch die Gestaltung für dieses Buch überlegt haben. Vier Jahre habe ich davon geträumt, dieses Buch zu machen, aber ohne euch, Mädels, wäre es mir nie so gut gelungen.
Grégory, dem wunderbaren Koch und Schöpfer der Website bienvenueamatable.com, dessen freundschaftliche Ratschläge und Meinungen mir sehr wichtig waren.
Guillaume und Sophie, dem begeisterungsfähigen Duo, das bei der Umsetzung der Fotos vor Ideen nur so sprühte und dessen gute Laune eine wahre Freude war!
Cici und Dany aus dem Gers, Soussou und Marie, meinen beiden Schwestern … für ihre kleinen persönlichen Geheimnisse.

Außerdem danke ich:
Bernard Lafon, Direktor des Hofs für vergessene Gemüsesorten »Oh légumes oubliés« in der Gironde www.ohlegumesoublies.com.
Jean-Michel Gravoueille, Ingenieur beim Arvallis-Institut für Pflanzen, Spezialist für Kartoffelsorten.
Béatrice Rousselle, Chefredakteurin des Fachmagazins *La pomme de terre française,* herausgegeben von CIP SAS.
Christian Dubois, leidenschaftlicher Koch und Kenner der Gastronomie-Geschichte, www.cuisinepassion.blogs.com.
Geneviève Nadeau, Ernährungswissenschaftlerin, www.nadeaunutrition.com.
Und natürlich Hervé This, dessen Fritten-Leidenschaft unsere Begegnung erst ermöglicht hat!

Sophie Dupuis-Gaulier dankt Eliane für die traditionelle Fritteuse, die sie ihr geliehen hat.
SDG und Guillaume Czerw danken Anne, Bénédicte, Juliette und Suzanne für ihr Vertrauen und ihre Begeisterung während der Fotoarbeiten.

Die Originalausgabe ist unter dem Titel „Le livre des FRITES" 2012 bei Hachette Livre (Hachette Pratique) erschienen.

Für die Originalausgabe:

Text: Anne de la Forest
Fotos: Guillaume Czerw
Food Styling: Sophie Dupuis-Gaulier
Illustrationen und Grafik: Le Bureau des Affaires Graphiques

© 2012, Hachette Livre (Hachette Pratique), Paris,
Dépôt légal: février 2013

Für die deutsche Ausgabe:

ISBN 978-3-88117-944-7

5 4 3 2 1   18 17 16 15 14
Übersetzung: Sarah Pasquay
Lektorat: Lisa Frischemeier
Satz: typocepta, Köln
© 2014 Hölker Verlag im Coppenrath Verlag GmbH & Ko. KG.,
Hafenweg 30, 48155 Münster, Germany
Alle Rechte vorbehalten, auch auszugsweise

www.hoelker-verlag.de

La découpe

Nombre de couverts

Temps de trempage

Cuisson à l'eau

temps de repos

Temps de préparation

Cuisson à friteuse

Cuisson au four